T0059915

Un bárbaro en París

Mario
Vargas Llosa
Un bárbaro en París
Textos sobre la cultura francesa

El papel utilizado para la impresión de este libro ha sido fabricado a partir de madera
procedente de bosques y plantaciones gestionadas con los más altos estándares ambientales,
garantizando una explotación de los recursos sostenible con el medio ambiente y beneficiosa para las personas.

Penguin
Random House
Grupo Editorial

Un bárbaro en París
Textos sobre la cultura francesa

Primera edición en España: febrero de 2023
Primera edición en México: febrero de 2023

D. R. © 2023, Mario Vargas Llosa
D. R. © 2023, Carlos Granés, por el prólogo

D. R. © 2023, Penguin Random House Grupo Editorial, S. A. U.
Travessera de Gràcia, 47-49, 08021, Barcelona

D. R. © 2023, derechos de edición mundiales en lengua castellana:
Penguin Random House Grupo Editorial, S. A. de C. V.
Blvd. Miguel de Cervantes Saavedra núm. 301, 1er piso,
colonia Granada, alcaldía Miguel Hidalgo, C. P. 11520,
Ciudad de México

penguinlibros.com

D. R. © diseño: Penguin Random House Grupo Editorial, inspirado en un diseño original de Enric Satué

ISBN: 978-607-382-621-1

Impreso en México – *Printed in Mexico*

Índice

Una pasión francesa

Hubo un tiempo, no hace tanto, en el que cualquier latinoamericano con ambiciones literarias o artísticas soñaba con París. El paso por aquella ciudad era algo más que un rito de iniciación o una experiencia educativa. Representaba la posibilidad de entrar en contacto con las fuentes vivas de la cultura más excitante, innovadora y revolucionaria de la modernidad occidental. Significaba vivir en un lugar donde el pensamiento y las artes tenían importancia e impacto en la sociedad, se valoraban, daban prestigio; significaba hacer parte de algo más grande, de una comunidad de artistas que estaban revolucionando la forma y las ideas que ordenaban el mundo. Nada extraño que muchos aspirantes a creadores, entre ellos Mario Vargas Llosa, albergaran la certeza de que jamás llegarían a convertirse en verdaderos escritores o pintores si no vivían en París.

Enemistados políticamente con Estados Unidos, por lo general desdeñosos de su cultura, los latinoamericanos de los siglos XIX y XX miraron siempre a Francia. El positivismo de Augusto Comte inoculó sueños de progreso y desarrollo en todo el continente, contrarrestados luego por el decadentismo de Verlaine y Rimbaud que sedujo a los poetas modernistas. La vanguardia de los años veinte trepidó con los versos de Apollinaire, Mallarmé y Cendrars, y los renovadores de la novela hallaron en el surrealismo de Breton la clave para entender la manera en que la superstición, la magia y el mito contaminaban la vida cotidiana de los latinoamericanos. Finalmente llegarían Vargas Llosa y sus compañeros del *boom*, imantados por el existencialismo de Camus, Sartre y Simone de Beauvoir, y por el clima insurreccional y vibrante de la capital francesa.

Todos buscaron esas figuras tutelares que deambulaban por las calles o que se sentaban a escribir, pintar o conspirar con su séquito en algún café de la ciudad. Todos soñaron con ser parte de esas cofradías que estaban determinando el rumbo de la cultura universal y estrechar lazos con los mitos vivos que habían leído o admirado en sus países de origen. Cuando Octavio Paz dijo que París era la capital cultural de América Latina, no exageraba en absoluto. No sólo porque el ambiente de la ciudad resultaba estimulante para la creación, sino porque allá, gracias al encuentro con creadores de todo el continente, los artistas y escritores descubrían que eran algo más que peruanos, colombianos, argentinos o mexicanos: eran latinoamericanos. Para ganar consciencia de ese hecho obvio e inadvertido, debían salir de sus países y pasar una temporada en el extranjero, siempre, ojalá, en el añorado y deslumbrante París.

Mario Vargas Llosa vivió ese síndrome con un fervor inigualable. La atracción que ejerció Francia en él empezó en la infancia, continuó en su juventud, se consolidó en la madurez y sigue vigente hasta el día de hoy, al punto de que siempre le dio más importancia a ser incluido en la Biblioteca de la Pléiade, el panteón de la literatura francesa, que a ganarse el Premio Nobel. Esos autores, que descansan a salvo del tiempo y del olvido en esa colección, fueron sus primeras pasiones literarias. Se inició de niño con Julio Verne y Alejandro Dumas, luego con las ficciones de Victor Hugo y después con las de Gustave Flaubert; y de todas ellas extrajo lecciones invaluables: el furor de la aventura con la saga de D'Artagnan, las ambiciones descomunales y la sensibilidad romántica en *Los miserables*, el realismo literario gracias a *Madame Bovary*.

Con Victor Hugo descubrió el apetito insaciable y la curiosidad universal que impulsaban a ciertos creadores a escribir novelas totales. Porque nadie como el francés se había propuesto refundar por completo el mundo en todos sus detalles, con un nivel de complejidad y verosimilitud que competía con la realidad real. El novelista desplazaba a Dios, cometía un deicidio porque su talento y amplitud de miras le permitía convencer al lector de que ese universo de palabras, surgido de su imaginación, era más tangible y palpable que cuanto existía por fuera del libro, en la realidad que yacía bajo sus pies. Victor Hugo sembró esa misma ambición en Vargas Llosa, la de convertirse en un creador de novelas totales que instituían mundos donde se recreaban las pasiones, las mentalidades, los tipos humanos; sus anhelos, luchas, frustraciones y tragedias. Ciertos elementos del romanticismo francés, empezando por el idealismo, la rebeldía o la permanente inconformidad con el mundo, llegaron a él a través de Victor Hugo, pero el estilo que elegiría para contar sus propias historias no lo aprendería de él, sino de Gustave Flaubert.

En 1959, recién instalado en París, el aspirante a novelista compró una copia de *Madame Bovary* en la edición de Clásicos Garnier, y ahí, como él mismo dijo en el ensayo que años después dedicó a la novela,

La orgía perpetua, empezó su historia. Además de quedar hechizado por el poder de persuasión de *Madame Bovary* (y eternamente enamorado de Emma), Vargas Llosa también descubrió el tipo de escritor que quería ser, realista, un experto en fingir la realidad, no la fantasía. Y no sólo eso. Las páginas de *Madame Bovary* le revelaron una lección decisiva de técnica narrativa. Flaubert se había dado cuenta de algo fundamental, y es que el personaje más importante de una novela, aquel a quien el escritor debía prestar más atención, era el narrador que contaba la historia. Ésa había sido la aportación de Flaubert al arte de la ficción; con ese hallazgo había marcado una frontera que daba inicio a la novela moderna.

Habiendo asimilado ese precepto, y después de leer las innovadoras novelas de Faulkner, Vargas Llosa entraría de lleno a explorar los problemas técnicos de la novela —el punto de vista del narrador, el manejo del tiempo y del espacio— hasta dominarlos con maestría. Además de todo esto, Flaubert —o más bien Emma— le había revelado un rasgo de la naturaleza humana: la insatisfacción con la vida tal como es, que invitaba a buscar refugio en la ficción y a aferrarse a los deseos y ambiciones como motor del cambio. Porque eso era Emma Bovary, una eterna insatisfecha que no se conformaba con la mediocridad de su vida, que deseaba más pasión, más experiencias, más estímulos, y que acababa exponiéndose al infortunio con tal de acercar su vida pequeña al fulgor existencial que brillaba en las novelas.

La insatisfacción flaubertiana encajó muy bien con un elemento literario que Vargas Llosa había descubierto en otro autor francés, la transgresión. El deseo de ir más allá de los límites sociales y de las convenciones en busca de más intensidad vital lo había expuesto con gran precisión Georges Bataille. Sus libros le mostraron a Vargas Llosa que la creatividad humana se nutría de ese amasijo de instintos y pulsiones irracionales. Ahí se incuban las obsesiones o demonios que carburan la imaginación de un novelista. La lectura de Bataille le había revelado que el escritor tenía control sobre la forma en que escribía —la técnica, los recursos, la estructura—, pero no sobre las obsesiones que se convertían en temas literarios. Nada de eso era consciente. Emanaba de zonas oscuras y se manifestaba a través de demonios literarios que el escritor exorcizaba en sus novelas. El repudio al autoritarismo o el fanatismo, por ejemplo, temas que una y otra vez, con distintos rostros, han aparecido en sus obras, son algunos de los demonios más característicos de Vargas Llosa.

El surrealismo, la vanguardia en la que Bataille militó durante un tiempo, también excitó el interés del escritor peruano por la literatura maldita y el erotismo. Los malabares poéticos de Breton y sus secuaces nunca le interesaron, pero sí ese fuego recóndito con el que avivaron la imaginación erótica. Siempre sensible a la plástica, en las obras que exploran el misterio de la sexualidad, ojalá con elementos oníricos y fantasiosos, Vargas Llosa ha encontrado una fuente de intriga y placer estético. La saga literaria de Don Rigoberto, cuyos personajes viven rodeados de libros y de arte, expuestos a deleitables placeres y a peligrosas transgresiones, debe mucho a las novelas eróticas, la mayoría francesas —Sade, Viollet-le-Duc, el mismo Bataille—, que Vargas Llosa devoró en su juventud; y también a la locura pasional, a ese amor loco que Breton y los surrealistas divinizaron y exaltaron en su poesía y en sus manifiestos.

Todos estos autores le mostraron a Vargas Llosa cómo escribir, pero no cómo ser escritor o cómo presentarse en la vida pública como intelectual. Quien ejerció de guía en ese campo fue su gran ídolo de juventud, Jean-Paul Sartre, un autor que leyó y siguió y admiró con tanto fervor que sus compañeros de generación terminaron apodándolo «el sartrecillo valiente». La influencia sartreana no llegó a tener mucho peso en sus novelas, pero sí en su labor como escritor de ensayos políticos y columnas de opinión. Porque al igual que Sartre, que no se conformó con ser un profesor alejado de los grandes acontecimientos de la historia, Vargas Llosa asumió un compromiso típicamente francés, o del intelectual francés, con los asuntos públicos. Siempre atento a los grandes temas y conflictos de su época, desde muy joven buscó espacios en los periódicos donde plasmar sus ideas y tomas de posición frente a las disyuntivas sociales y políticas.

A Sartre lo siguió fielmente hasta 1964, cuando el existencialista dio a entender, en un reportaje de *Le Monde*, que la literatura era una actividad superflua, casi inmoral, en países donde morían niños de hambre. Fue un golpe duro para Vargas Llosa. Su gran mentor, el mandarín de la vida cultural e intelectual de Occidente, lo estaba exhortando a que dejara su vocación literaria y se dedicara a labores sociales. Mientras hubiera niños desnutridos, un país como Perú no podía, o no merecía, tener una buena literatura: era lo que estaba diciendo. No fue ésa la única decepción que se llevó Vargas Llosa. La manera en que Sartre apoyó siempre el comunismo, incluso estando al tanto de los horrores del estalinismo, proyectó sobre él una sombra de duda. ¿Debían callarse los crímenes terribles, el despotismo, el terror ideológico, sólo para no dar armas al enemigo? Consciente de todas las atrocidades del comunismo real, Sartre dijo que sí, porque nadie podía escapar de la historia y en la historia siempre había que elegir. Y entre el horror del comunismo y el horror del capitalismo escogía el primero.

La legitimación de los crímenes ideológicos del comunismo alejó a Vargas Llosa de Sartre y lo acercó a Camus. Las ideas antitotalitarias del autor de *El extranjero*, su defensa de la verdad y su abominación del terror y del crimen político, terminaron por persuadirlo. Habiendo empezado dándole la razón a Sartre, había acabado dándosela a Camus. El tránsito ideológico del socialismo que abrazó en su juventud al liberalismo que defendería en su madurez también lo hizo con ayuda de los intelectuales franceses. Camus fue el primero en sembrar dudas sobre el compromiso ciego con una causa; luego, Raymond Aron le mostraría los errores de juicio a los que conduce una mente narcotizada por la ideología; finalmente, con Jean-François Revel emprendería una férrea defensa de la libertad y del liberalismo en Europa y América Latina.

Tantas deudas con Francia, sus intelectuales y sus artistas serían pagadas con una novela protagonizada por dos franceses, la activista Flora Tristán y el pintor Paul Gauguin. Sus vidas le sirvieron a Vargas Llosa para escribir *El Paraíso en la otra esquina*, una novela que desentrañaba dos formas de idealismo, la eterna búsqueda de la utopía. Flora soñó con crear una sociedad perfecta; Paul, con encontrar las fuentes primigenias de la creación y de la sexualidad humana purgadas de todo tipo de contaminación occidental. La escritura de esta novela le supuso a Vargas Llosa una inmersión total y gozosa en la obra plástica de

Gauguin, en su vida, en la trágica peripecia que lo llevó hasta las islas perdidas de la Polinesia, y rastrear los viajes de Flora por Francia en busca de la clave para armonizar la libertad, la justicia y la igualdad y forjar una sociedad perfecta.

Una prueba más del amor a Francia de Vargas Llosa son las críticas a todos los acontecimientos políticos y culturales que empañan y desmerecen los momentos más notorios de su historia. Ya lo había dicho en 1967: «Mientras más duros y terribles sean los escritos de un autor contra su país, más intensa será la pasión que lo una a él». Se refería a Perú, claro, pero esa máxima también era aplicable a todos los países en los que se ha sentido en casa, como España y por supuesto Francia. En este caso, sus dardos han ido dirigidos a la pulsión nacionalista que palpita, a veces tímidamente, otras de forma estrepitosa, en la sociedad francesa. Nada ha frustrado más a Vargas Llosa que ver a París, la «capital universal del pensamiento y de las artes», como la llamó, el lugar que imantaba a creadores de todo el mundo porque desde allí sus propuestas estéticas ganaban fuerza, interés y proyección mundial, aquejada por una mentalidad de campanario y tentada a cerrar sus puertas a todo lo que no sea francés.

Vargas Llosa entró de lleno en los debates sobre la «excepción cultural» que se daban en Francia, defendiendo siempre el libre tránsito de ideas y de propuestas artísticas, literarias, cinematográficas, porque sólo así, recordaba, mediante el contagio y el desafío, la cultura de un país se mantenía viva, en permanente ebullición y cambio, y se protegía contra el inmovilismo que terminaba por esterilizarla. Tampoco se mostró muy entusiasta Vargas Llosa con la penúltima moda intelectual francesa, el deconstruccionismo de Jacques Derrida, que además de renunciar a la buena prosa había convertido los estudios literarios, y en general las humanidades, en un fuego de artificio, desligado de la historia y de los problemas sociales y morales que inquietaban al ser humano.

Los libros de Revel, en cambio, ofrecían todo lo que negaban los del deconstruccionista: claridad, buena prosa y una atención primordial a la realidad y a los hechos, sobre todo a las consecuencias que tanta teorización y tanta abstracción filosófica podía tener en la existencia de las personas de carne y hueso. Revel fue un antídoto para las utopías occidentales y para el instinto revolucionario de los intelectuales franceses. Vargas Llosa encontró en él un apoyo con el cual combatir el tercermundismo y la inclinación de tanto estadounidense y europeo a ver América Latina como el lugar destinado a albergar todos los proyectos políticos fallidos en el resto de Occidente. El interés de Revel por los hechos era un balde de agua fría para el entusiasmo irresponsable de los revolucionarios europeos que pensaban en la belleza de sus consignas y en el bienestar de sus conciencias, pero no en el impacto en las personas que tenían que padecerlas.

Vargas Llosa abrazó las utopías con Sartre y se liberó de ellas con Camus, Aron, Revel. Pero no fue sólo eso, su formación intelectual y cultural también le dio algo aún más importante: la certeza de que cualquier escritor latinoamericano, incluso uno nacido en la provincia peruana (un bárbaro), podía participar en todos los asuntos políticos, culturales y sociales de su época si se nutría de sólidas tradiciones literarias y filosóficas. Buscando a Francia, Vargas

Llosa encontró su país natal y el mundo entero. O lo que es igual: queriendo ser un escritor francés, acabó convirtiéndose en un peruano universal.

Carlos Granés
Bogotá, 7 de octubre de 2022
Madrid, 24 de octubre de 2022

El amor a Francia

Desde que aprendí a leer y descubrí en los libros esa mágica facultad de multiplicar la vida humana que tiene la ficción, la literatura francesa ha sido, entre todas, la que siempre preferí, la que me hizo gozar más, la que contribuyó más a mi formación intelectual y a la que debo buena parte de mis convicciones literarias y políticas.

Expresan el reconocimiento profundo de un escritor del remoto Perú, que se ha pasado buena parte de la vida leyendo a los poetas y prosistas franceses y que se siente, de pronto, simbólicamente admitido en un recinto al que ha estado, en todas las etapas de su existencia, tratando de acceder.

La casa de mis abuelos estaba llena de libros traducidos del francés. Yo pasé de Julio Verne a los grandes folletinistas decimonónicos como Eugène Sue, Paul Féval o Xavier de Montépin, cuyos novelones humedecían los ojos de la abuela. Pero, antes todavía de descubrir al gran Victor Hugo, el de *Los miserables*, fue Alexandre Dumas quien me deslumbró e hizo concebir la vida como desplante y aventura. Leí todas sus series novelescas en estado de trance, sobre todo la de los mosqueteros, y yo también puedo decir, como Oscar Wilde dijo de Lucien de Rubempré, que la muerte de D'Artagnan, en el sitio de La Rochelle, antes de recibir el bastón de mariscal que le enviaba el rey, me destrozó el corazón.

Apenas terminé el colegio, me matriculé en la Alianza Francesa para leer a esos autores dilectos en su propia lengua. Y, en todos mis años universitarios, seguí, desde Lima, la actualidad literaria francesa, sus polémicas y guerras de guerrillas, sus rupturas, alianzas y divisiones, tomando partido en cada caso con apasionamiento de catecúmeno. Con mi primer trabajo, me aboné a *Les Temps Modernes*, de Sartre, y a *Les Letres Nouvelles*, de Maurice Nadeau. La fidelidad con que leí en mi adolescencia a Jean-Paul Sartre, al que trataba de seguir en todos los vaivenes de su zigzagueante trayectoria ideológica, era tal que mis amigos me bautizaron con un apodo intraducible al francés: el «sartrecillo valiente». Es cierto que sus novelas, y las de muchos existencialistas, nos parecen ahora menos originales que entonces, pero el volumen de *Situations II* (*¿Qué es la literatura?*) fue un ensayo exaltante para un joven que soñaba con ser escritor, al que esas páginas enseñaron que fantasear ficciones y entregarse con tesón a la literatura podía ser, al mismo tiempo que un acto de creación artística, una manera de combatir el oscurantismo, la dictadura, las injusticias, y de disipar las legañas que velaban a hombres y mujeres la comprensión de la realidad.

La polémica entre Sartre y Camus sobre los campos de concentración en la URSS me produjo un prolongado trauma ideológico, que continuó resonando en mi memoria mucho tiempo, como un fermento activo e inquietante, al punto que, treinta años después de haberle dado la razón a Sartre, terminé dándosela a Camus.

Desde que escribí mis primeros cuentos estuve convencido de que nunca llegaría a ser un verdadero escritor si no vivía en París. Puede parecer muy ingenuo, pero hace medio siglo, estoy seguro, esta ilusión era compartida por innumerables jóvenes en todos los rincones del planeta que miraban a Francia como la meca de la literatura y el arte. Cuando conseguí, por fin, realizar mi sueño de vivir aquí, lo primero que me enseñó Francia fue, más bien, a descubrir América Latina y a descubrirme yo mismo como latinoamericano. Lo escribió Octavio Paz, presentando una antología: «París, capital de la cultura latinoamericana». No exageraba: aquí los artistas y escritores de América Latina se conocían, trataban y reconocían como miembros de una misma comunidad histórica y cultural, en tanto que, allá, vivíamos amurallados dentro de nuestros países, atentos a lo que ocurría en París, Londres o Nueva York, sin tener la menor idea de lo que ocurría en los países vecinos, y, a veces, ni en el nuestro.

Mis siete años parisinos fueron los más decisivos de mi vida. Aquí me hice escritor, en efecto, aquí descubrí el amor-pasión de que hablaban tanto los surrealistas y aquí fui más feliz, o menos infeliz, que en ninguna otra parte. Aquí me impregné de esa literatura francesa del XIX cuya fulgurante variedad y riqueza —Balzac, Flaubert, Stendhal, Baudelaire, Lautréamont, Rimbaud— todavía me siguen pareciendo sin parangón, ni en su tiempo ni en los venideros. Y aquí, en París, crecí, maduré, me equivoqué y rectifiqué, y estuve siempre tropezando, levantándome y aprendiendo, ayudado por libros y autores que, en cada crisis, cambio de actitud y de opinión, vinieron a echarme una mano y a guiarme hacia un puerto momentáneamente seguro en medio de las borrascas y la confusión. Quiero citar de nuevo a Albert Camus, a Raymond Aron, a Tocqueville, a Georges Bataille, a Jean-François Revel y a los beligerantes surrealistas: André Breton, Benjamin Péret. Y a Roger Caillois, quien tanto hizo por abrir a los escritores de América Latina las puertas de París. Mi trabajo de periodista en la France-Presse primero y luego en la ORTF (la Radio Televisión Francesa) me deparó algunas experiencias inolvidables, como el debate público entre Michel Debré y Pierre Mendès France, las conferencias de prensa del general De Gaulle y los discursos de André Malraux, el único gran escritor que conozco que hablaba tan bien como escribía. Recuerdo, sobre todo, tres de ellos: el que pronunció en el Panteón ante las cenizas de Jean Moulin, el del homenaje a Le Corbusier en el patio del Louvre y, abriendo una campaña electoral, aquel que comenzaba con esta incómoda verdad: *«Quelle étrange époque, diront de la nôtre les historiens de l'avenir, où la droite n'était pas la droite, la gauche n'était pas la gauche, et le centre n'était pas au millieu».* («Qué época tan extraña, dirán de la nuestra los historiadores del futuro, donde la derecha no era la derecha, la izquierda no era la izquierda, y el centro no estaba en el medio»).

Muchas cosas he aprendido de la cultura francesa, pero la que más a amar la libertad por encima de todas las cosas y a combatir todo lo que la amenaza y contradice. Y, también, que la literatura, si no es, en todas las circunstancias, una manera de resistir el conformismo, de alborotar el cotarro y subvertir los espíritus, no es nada. Esa tradición insumisa, libertaria, rebelde, y su vocación universal, es para mí, entre los varios afluentes del gran río de la cultura francesa, el más fértil y sigue siendo el más actual. Leyendo a los grandes escritores franceses, desde Montaigne, que desafió los prejuicios y el eurocentrismo de su tiempo acercándose con respetuosa curiosidad a la cultura de los caníbales, ya que *«chacun appelle barbarie ce qui n'est pas de son usage»* («cada uno llama barbarie a lo que no se ajusta a sus costumbres»), hasta Sartre y los 121 firmantes del manifiesto en el que, en plena guerra de Argelia, se ofrecieron a llevar *«les valises»* del FLN por sus convicciones anticolonialistas, aprendí a entender que la verdadera cultura es como la libertad y la justicia: trasciende las fronteras y no puede ser acotada en los estrechos márgenes de una religión, una raza, una clase o una nación, sin traicionar su razón de ser y sin condenarse al provincialismo y a la mediocridad. Ninguna otra literatura ha sido, en el curso de su historia, menos nacionalista ni más universal que la francesa, y dudo que haya otra que, en todas sus etapas históricas, haya servido más efectivamente de contrapeso al poder, a todos los poderes, como aquella que ha enriquecido a la humanidad con las plumas de Molière, de Pascal, de Diderot, de Proust, de Michelet, de Céline, de Antonin Artaud y tantos otros. No sólo la belleza de sus formas artísticas o la elegancia de sus ideas le dio irradiación universal; también su espíritu crítico, su anticonformismo, ese permanente cuestionamiento de lo que Flaubert llamaba *«les idées reçues»* («las ideas recibidas»).

Nunca fui alumno oficial de la Sorbona. Pero sí fui un alumno polizonte de algunos cursos del tercer ciclo, en mis primeros años en París, y éste es momento oportuno para recordarlos. No podían ser más diferentes el uno del otro. Lucien Goldmann mantenía aún viva, gracias a su espíritu abierto, la quimera de un marxismo antiautoritario y librepensador, y su acercamiento a la literatura convocaba a todas las ciencias humanas, la historia, la sociología, la filosofía, para explorarla en profundidad y entender las sutiles maneras en que sus imágenes y fantasías influían en el devenir histórico. Nadie lo sabía, pero él cerraba toda una época en la que la literatura y la vida parecían inseparables. El seminario de Roland Barthes, en cambio, abría una nueva, en que formidables constructores de espejismos, como él, Foucault y Derrida, iban a empeñarse en divorciarlas de manera irremediable. En las clases de Barthes, como en sus libros, detrás de la lingüística, la semiótica, el grado cero de la escritura, y otras muy sutiles innovaciones del vocabulario crítico, los sofismas y el malabarismo intelectual alcanzaban unos niveles soberbios de exquisitez y refinamiento. Nacía, disfrazada de crítica, una nueva rama de la ficción, llamada teoría. En las clases de Goldmann, la literatura, aunque algo maltratada a veces por la ideología, estaba todavía anclada en la experiencia vivida, a la que modificaba y explicaba; en las de Barthes, se confinaba en sí misma, convertida en un discurso que remitía a otros discursos, en textos que sólo se entendían en relación con otros textos. Cuando Jacques Derrida dictaminó que no sólo la literatura, la vida misma, era sólo un texto, un juego de ilusionismo lingüístico que se disolvía en un abismo retórico sin moral, sin historia y sin significado, dije: «Hasta aquí nomás». En los años de hegemonía deconstruccionista mi amor por la literatura me alejó de la actualidad y me llevó a refugiarme en los clásicos. Mi pasión por la literatura francesa me indujo a esfuerzos valerosos como leer todo el *nouveau roman* y buen número de ensayos estructuralistas; pero el deconstruccionismo me asfixió, y tuvo el mérito de retrocederme a Proust, a Sainte-Beuve, y a Flaubert, ¡siempre a Flaubert!

Termino con un recuerdo familiar. Cuando era niño, insistía para que mi abuela viejecita, una excelente contadora de cuentos, me contara una y otra vez la historia de un antepasado al que ella, para decir que se trataba de un hombre de costumbres poco recomendables, llamaba un «liberal». Este caballero, una mañana, a la hora del almuerzo advirtió a su mujer y a sus hijos que salía un momento a la plaza de Armas de Arequipa a comprar un periódico. La familia nunca volvió a saber de él hasta muchos años después, cuando se enteró que el desaparecido había muerto en París. Lo más bonito del cuento era el final. «¿Y a qué se escapó a París ese tío liberal, abuela?». «A qué iba a ser, hijito. ¡A corromperse!». El amor a Francia tiene una antigua tradición en la familia de este escribidor, que les agradece una vez más el inmerecido honor que hoy le confieren.

París, 10 de marzo de 2005

La casa de Molière

A fines de los años cincuenta, cuando vine a vivir a París, aunque uno fuera paupérrimo podía darse el lujo supremo de un buen teatro, por lo menos una vez por semana. La Comédie Française tenía las matinés escolares, no recuerdo si los martes o los jueves, y esas tardes representaba las obras clásicas de su repertorio. Las funciones se llenaban de chiquillos con sus profesores, y las entradas sobrantes se vendían al público muy baratas, al extremo que las del *gallinero* —desde donde se veía sólo las cabezas de los actores— costaban apenas cien francos (pocos centavos de un euro de hoy). Las puestas en escena solían ser tradicionales y convencionales, pero era un gran placer escuchar el cadencioso francés de Corneille, Racine y Molière (sobre todo el de este último), y, también, muy divertido, en los entreactos, escuchar los comentarios y discusiones de los estudiantes sobre las obras que estaban viendo.

Desde entonces me acostumbré a venir regularmente a la Comédie Française y lo he seguido haciendo a lo largo de más de medio siglo, en todos mis viajes a París: Francia ha cambiado mucho en todo este tiempo, pero no en la perfecta dicción y entonación de estos comediantes que convierten en conciertos las representaciones de sus clásicos.

Vine también ahora y me encontré que la Gran Sala Richelieu estaba cerrada por trabajos en la cúpula que tomarán todavía más de un año. Para reemplazarla se ha construido en el patio del Palais Royal un auditorio provisional muy apropiadamente llamado el Théâtre Éphémère. El local es precario, el frío siberiano de estos días parisinos se cuela por los techos y rendijas y los acomodadores (nunca había visto algo semejante) nos reparten a los ateridos y heroicos espectadores unas gruesas mantas para protegernos del resfrío y la pulmonía. Pero todos esos inconvenientes se esfuman cuando se corre el telón, comienza el espectáculo y el genio y la lengua de Molière se adueñan de la noche.

Se representa *Le Malade imaginaire*, la última obra que escribió Jean-Baptiste Poquelin, que haría famoso el nombre de pluma de Molière, y en la que estaba actuando él mismo la infausta tarde del 17 de febrero de 1673, en el papel de Argan, el enfermo imaginario, víctima de lo que los fisiólogos de la época llamaban deliciosamente «la melancolía hipocondríaca». Era la cuarta función y el teatro llamado entonces del Palais Royal estaba repleto de nobles y burgueses. A media representación el autoritario y delirante Argan tuvo un acceso de tos interminable que, sin duda, los presentes creyeron parte de la ficción teatral. Pero no, era una tos real, cruda, dura e inesperada. La función debió suspenderse y el actor, llevado de urgencia a su casa vecina con una vena reventada por la violencia del acceso, fallecería unas cuatro horas después. Había cumplido cincuenta y uno y, como no tuvo tiempo de confesarse, los comediantes de la compañía formada y dirigida por él, junto con su viuda, debieron pedir una dispensa especial al arzobispo de París para que recibiera una sepultura cristiana.

Buena parte de esos cincuenta y un años de existencia se los pasó Molière viviendo no en la realidad cotidiana sino en la fantasía y haciendo viajar a sus contemporáneos —campesinos, artesanos, clérigos, burócratas, comerciantes, nobles— al sueño y la ilusión. Las milimétricas investigaciones sobre su vida de ejércitos de filólogos y biógrafos a lo largo de cuatro siglos arrojan casi exclusivamente las idas y venidas del actor J. B. Poquelin a lo largo de los años por todas las provincias de Francia, actuando en plazas públicas, patios, atrios, palacios, ferias, jardines, carpas, y, luego de su instalación en París, escribiendo, dirigiendo y encarnando a los personajes de obras suyas y ajenas de manera incesante. Y, cuando no lo hacía, contrayendo o pagando deudas de los teatros que alquilaba, compraba o vendía, de tal modo que, se puede decir, la vida de Molière consistió casi exclusivamente —además de casarse con una hija de su amante y producir de paso unos vástagos que solían morirse a poco de nacer— en vivir y difundir unas ficciones que eran unos espejos risueños y deformantes, y, a veces, luciferinamente críticos de la sociedad y las creencias y costumbres de su tiempo.

Llegó a ser muy famoso y considerado por unos y otros el más grande comediante de la época, insuperable en el dominio de la farsa y el humor, pero, detrás de la risa, la gracia y el ingenio que a todos seducían, sus obras provocaron a veces violentas reacciones de las autoridades civiles y eclesiásticas —el *Tartufo* fue prohibido por ambas en varias ocasiones— y el propio Luis XIV, que lo admiraba e invitó a su compañía a actuar en Versalles y en los palacios de París y alrededores ante la corte, y fue a menudo a aplaudirlo al teatro del Palais Royal, se vio obligado también en dos ocasiones a censurar las mismas obras que en privado había celebrado.

El enfermo imaginario no tiene la complejidad sociológica y moral del *Tartufo*, ni la chispeante sutileza de *El avaro*, ni la fuerza dramática de *Don Juan*, pero entre el melodrama rocambolesco y la leve intriga amorosa hay una astuta meditación sobre la enfermedad y la muerte y la manera como ambas socavan la vida de las gentes.

Cuando escribió la obra, estaba de moda —él había contribuido a fomentarla— incorporar a las comedias números musicales y de danza —el propio rey y los príncipes acostumbraban a acompañar a los bailarines en las coreografías— y la estructura original de *El enfermo imaginario* es la de una opereta, con coros y bailes que se entrelazan constantemente con la peripecia anecdótica. Pero en este excelente montaje del fallecido Claude Stratz, esas infiltraciones de música y ballet se han reducido, con buen criterio, a su mínima expresión.

Paso dos horas y media magníficas y, casi tanto como lo que ocurre en el escenario, me fascina el espectáculo que ofrecen los espectadores: su atención sostenida, sus carcajadas y sonrisas, el estado de trance de los niños a los que sus padres han traído consigo abrigados como osos, las ráfagas de aplausos que provocan ciertas réplicas. Una vez más compruebo, como en mis años mozos, que Molière está vivo y sus comedias tan frescas y actuales como si las acabara de escribir con su pluma de ganso en papel pergamino. El público las reconoce, se reconoce en sus situaciones, caricaturas y exageraciones, goza con sus gracias y con la vitalidad y belleza de su lengua.

Viene ocurriendo aquí hace más de cuatro siglos y ésa es una de las manifestaciones más flagrantes de lo que quiere decir la palabra civilización: un ritual compartido, en el que una pequeña colectividad, elevada espiritual, intelectual y emocionalmente por una vivencia común que anula momentáneamente todo lo que hay en ella de encono, miseria y violencia y exalta lo que alberga de generosidad, amplitud de visión y sentimiento, se trasciende a sí misma. Entre estas vivencias que hacen progresar de veras a la especie, ocupa un papel preponderante aquello a lo que Molière dedicó su vida entera: la ficción. Es decir, la creación imaginaria de mundos donde podemos refugiarnos cuando aquel en el que estamos sumidos nos resulta insoportable, mundos en los que transitoriamente somos mejores de lo que en verdad somos, mundos que son el mundo real y a la vez mundos soberanos y distintos, con sus leyes, sus ritmos, sus valores, su música, sus ideas, sostenidos por una conjunción milagrosa de la fantasía y la palabra.

Pocos creadores de su tiempo ayudaron tanto a los franceses, y luego al mundo entero, como el autor de *El enfermo imaginario*, a salir de los quebrantos, las infamias, la coyunda y las rutinas cotidianas y a transformar las amarguras y los rencores en alegría, esperanza, contento, a descubrir la solidaridad y la importancia de los rituales y las formas que desanimalizan al ser humano y lo vuelven menos carnicero. La historia, más que una lucha de religiones o de clases, ha opuesto siempre esos pequeños espacios de civilización a la barbarie circundante, en todas las culturas y las épocas y a todos los niveles de la escala social. Uno de esos pequeños espacios que nos defienden y nos salvan de ser arrollados del todo por la estupidez y la crueldad oceánicas que nos rodean es este que creó Molière en el corazón de París y no hay palabras bastantes en el diccionario para agradecérselo como es debido.

París, febrero de 2012

Victor Hugo. Océano

Jean-Marc Hovasse, el más meticuloso biógrafo de Victor Hugo hasta la fecha —su biografía está aún inconclusa—, ha calculado que un apasionado bibliógrafo del bardo romántico, leyendo catorce horas diarias, tardaría unos veinte años en agotar sólo los libros dedicados al autor de *Los miserables* que se hallan en la Biblioteca Nacional de París. Porque, aunque usted no lo crea, Victor Hugo es, después de Shakespeare, el autor occidental que ha generado más estudios literarios, análisis filológicos, ediciones críticas, biografías, traducciones y adaptaciones de sus obras en los cinco continentes.

¿Cuánto tardaría aquel titánico lector en leer las obras completas del propio Victor Hugo, incluyendo los millares de cartas, apuntes, papeles y borradores todavía inéditos que pululan por las bibliotecas públicas y privadas y los anticuarios de medio mundo? No menos de diez años, calculo, siempre y cuando esa lectura fuera su única y obsesiva dedicación en la vida. No exagero un ápice: la fecundidad del poeta y dramaturgo emblemático del romanticismo en Francia produce vértigo a quien se asoma a ese universo sin fondo. Su precocidad fue tan notable como su prodigiosa capacidad de trabajo y esa terrible facilidad con que las rimas, las imágenes, las antítesis, los hallazgos geniales y las cursilerías más sonoras salían de su pluma. Antes de cumplir quince años había escrito ya millares de versos, una ópera cómica, el melodrama en prosa *Inez de Castro*, el borrador de una tragedia en cinco actos (en verso), *Athélie ou les Scandinaves*, el poema épico *Le Déluge* y hecho centenares de dibujos. En una revista que editó de adolescente con sus hermanos Abel y Eugène y que duró apenas año y medio, publicó ciento doce artículos y veintidós poemas. Este ritmo enloquecido lo mantuvo sin interrupciones a lo largo de esa larga vida —1802-1885— que abraza casi todo el siglo xIx y que produjo una montaña tal de escritos que, sin duda, nadie ha leído ni leerá nunca de principio a fin.

Parecería que la vida de alguien que generó esas toneladas de papel borroneadas de tinta debió de ser la de monje laborioso y sedentario, confinado los días y los años en su escritorio y sin levantar la cabeza del tablero donde su mano incansable fatigaba las plumas y vaciaba los tinteros. Pero no, Victor Hugo, y eso es lo extraordinario, hizo en la vida casi tantas cosas como las que su imaginación y su palabra fantasearon, al extremo que de él puede decirse que tuvo una de las más intensas, ricas y aventureras existencias de su tiempo, en el que se zambulló a manos llenas, arreglándoselas siempre con genial olfato para estar en el centro de los acontecimientos y de la historia viva como protagonista o testigo de excepción. Sólo su vida amorosa es tan intensa y variada que causa asombro (y cierta envidia, claro está). Llegó virgen a su matrimonio con Adéle Foucher, a los veinte años, pero desde la misma noche de bodas comenzó a recuperar el tiempo perdido, pues en su vejez se jactaba —lo cuenta Juana Richard Lesclide— de haber hecho nueve veces el amor aquella noche a su flamante esposa (la paciente Adéle quedó desde entonces asqueada del sexo). En los muchos años de vida que le quedaban siguió perpetrando parecidas proezas con imparcialidad democrática, pues se acostaba con damas de toda condición —de marquesas a sirvientas, con una cierta preferencia por estas últimas en sus años provectos— y sus biógrafos, esos *voyeurs*, han descubierto que pocas semanas antes de morir, a sus ochenta y tres años, escapó de su casa para hacer el amor con una antigua camarera de su amante perenne, Juliette Drouet.

No sólo alternó con toda clase de seres vivientes, aguijoneado como estaba siempre por una curiosidad universal hacia todo y hacia todos; acaso el más allá, la trascendencia, Dios, lo preocuparon todavía más que las criaturas de este mundo, y sin el menor ánimo humorístico se puede decir de este escritor con los pies tan bien asentados en la vida y en la carne, que, más todavía que poeta, dramaturgo, narrador, profeta, dibujante y pintor, llegó a creerse un teólogo, un vidente razonador de los misterios del trasmundo, de los designios más recónditos del Ser Supremo y su magna obra, que no es la creación y redención del hombre, sino el perdón de Satán. Para él, *Los miserables* no fue una novela de aventuras, sino un tratado religioso.

Su comercio con el más allá tuvo una etapa entre truculenta y cómica, todavía muy mal estudiada: por dos años y medio practicó el espiritismo, en su casa de Marine Terrace, en Jersey, donde pasó parte de sus años de exilio. Al parecer, lo inició en estas prácticas una célebre médium parisina, Delphine de Girardin, que vino a pasar unos días con la familia Hugo en esa isla del Canal. La señora Girardin compró una mesa apropiada —redonda y de tres patas— en St. Hélier y la primera sesión tuvo lugar la noche del 11 de septiembre de 1853. Luego de una espera de tres cuartos de hora, compareció Leopoldine, la hija de Victor Hugo fallecida en un naufragio. Desde entonces y hasta diciembre de 1854 se celebraron en Marine Terrace innumerables sesiones —asistían a ellas, además del poeta, su esposa Adéle, sus hijos Charles y Adéle y amigos o vecinos— en las que Victor Hugo tuvo ocasión de conversar con una miríada de personajes: Jesucristo, Mahoma, Josué, Lutero, Shakespeare, Molière, Dante, Aristóteles, Platón, Galileo, Luis XVI, Isaías, Napoleón (el grande) y otras celebridades. También con animales míticos y bíblicos como el león de Androcles, la burra de Balam y la paloma del Arca de Noé. Y entes abstractos como la Crítica y la Idea. Esta última resultó ser vegetariana y manifestó una pasión que encantaría a los fanáticos del Frente de Defensa Animal, a juzgar por ciertas afirmaciones que comunicó a los espiritistas valiéndose de la copa de cristal y las letras del alfabeto: «La gula es un crimen. Un paté de hígado es una infamia... La muerte de un animal es tan inadmisible como el suicidio del hombre».

Los espíritus manifestaban su presencia haciendo saltar y vibrar las patas de la mesa. Una vez identificada la visita trascendente, comenzaba el diálogo. Las respuestas del espíritu eran golpecillos que correspondían a las letras del alfabeto (los aparecidos sólo hablaban francés). Luego, el propio Victor Hugo pasaba horas de horas —a veces, noches enteras— transcribiendo los diálogos. Aunque se han publicado algunas recopilaciones de estos «documentos mediúmnicos», quedan aún cientos de páginas inéditas que deberían figurar de pleno derecho entre las obras del poeta y escritor, aunque sólo fuera por el hecho de que todos los ilustres espíritus con los que dialoga coinciden a pie juntillas con sus convicciones políticas, religiosas y literarias, y comparten su desenvoltura retórica y sus manías estilísticas, además de profesar la admiración que exigía su egolatría.

España y lo español desempeñaron un papel central en la mitología romántica europea, y probablemente en Victor Hugo más que en ningún otro escritor de su época. Aprendió a hablar el español a los nueve años, antes de viajar a España, en 1811, con su madre y sus dos hermanos para reunirse con su padre, uno de los generales lugartenientes de José Bonaparte. Tres meses antes del viaje, el niño recibió sus primeras clases de ese idioma con el que, más tarde, aderezaría poemas y dramas, y que aparecería en *Los miserables*, en la cancioncilla idiosincrática que le canta el bohemio Tholomyès a su amante Fantine: «Soy de Badajoz / Amor me llama / Toda mi alma / Es en mis ojos / Porque enseñas / a tus piernas» (sic). En Madrid estuvo interno unos meses en el Colegio de los Nobles, en la calle Hortaleza, regentado por religiosos. Victor y Abel fueron exceptuados de ayudar misa, confesarse y comulgar porque su madre, que era volteriana, los hizo pasar por protestantes. Los recuerdos de ese internado fueron tétricos, pues, según afirmaría más tarde, entre esos muros pasó frío, hambre y tuvo muchas peleas con sus compañeros. Pero en esos meses aprendió cosas sobre España y la lengua española que lo acompañarían el resto de su vida y fertilizarían de manera notable su inventiva. Al regresar a Francia, en 1812, vio por primera vez un patíbulo y la imagen del hombre al que iban a dar garrote, montado de espaldas sobre un asno, rodeado de curas y penitentes, se le grabó con fuego en la memoria. Poco después, en Vitoria, vio en una cruz los restos de un hombre descuartizado, lo que lo impulsaría, años más tarde, a hablar con horror de la ferocidad de las represalias del ocupante francés contra los resistentes. Es posible que de estas atroces experiencias de infancia naciera su rechazo a la pena de muerte, contra la que luchó sin descanso, la única convicción política a la que fue fiel a lo largo de toda su vida.

El español no sólo le sirvió para impregnarse de leyendas, historias y mitos de un país en el que creyó encontrar aquel paraíso de pasiones, sentimientos, aventuras y excesos desorbitados con el que soñaba su calenturienta imaginación; también, para disimular a los ojos ajenos las notas impúdicas que registraba en sus cuadernos secretos, no por exhibicionismo, sino por tacañería, o, mejor dicho, por ese prurito enfermizo de llevar cuenta minuciosa de todos sus gastos que nos permite, ahora, saber con una precisión inconcebible en cualquier otro escritor cuánto ganó y cuánto gastó a lo largo de toda su vida Victor Hugo (murió rico).

El profesor Henri Guillemin ha descifrado, en un libro muy divertido, *Hugo et la sexualité*, aquellos cuadernos secretos que llevó Victor Hugo en Jersey y Guernsey, en los años de su exilio. Unos años que, por razones que son obvias, algunos comentaristas han bautizado «los años de las sirvientas». El gran vate, pese a haberse llevado consigo a las islas del Canal a su esposa Adéle y a su amante Juliette, y de haber entablado esporádicas relaciones íntimas con damas locales o de paso, mantuvo un constante y múltiple comercio carnal con las muchachas del servicio. Era un comercio en todos los sentidos de la palabra, empezando por su aspecto mercantil. Él pagaba las prestaciones de acuerdo a un esquema bastante estricto. Si la muchacha se dejaba sólo mirar los pechos recibía unos pocos centavos. Si se desnudaba del todo, pero el poeta no podía tocarla, cincuenta centavos. Si podía acariciarla sin llegar a mayores, un franco. Cuando llegaba a aquéllos, en cambio, la retribución podía llegar a franco y medio y en alguna tarde de prodigalidad enloquecida ¡hasta a dos francos! Casi todas estas indicaciones de los carnets secretos de Victor Hugo están escritas en español para borrar las pistas. El español, el idioma de las cochinaditas del gran romántico, quién lo hubiera dicho. Algunos ejemplos: «E. G. Esta mañana. Todo, todo». «Mlle. Rosiers. Piernas». «Marianne. La primera vez». «Ferman Bay. Toda tomada. 1fr.25». «Visto mucho. Cogido todo. Osculum». Etcétera.

¿Hacen mal los biógrafos explorando estas intimidades sórdidas y bajando de su pedestal al dios olímpico? Hacen bien. Así lo humanizan y rebajan a la altura del común de los mortales, esa masa con la que está también amasada la carne del genio. Victor Hugo lo fue, no en todas, por cierto, pero sí en algunas de las obras que escribió, sobre todo en *Los miserables,* una de las más ambiciosas empresas literarias del siglo XIX, ese siglo de grandes deicidas, como Tolstói y Balzac. Pero también fue un vanidoso y un cursi y buena parte de lo mucho que escribió es hoy palabra muerta, literatura circunstancial. (Breton lo elogió con maldad, diciendo de él: «Era surrealista cuando no era *con* [un idiota]»). Pero quizá la definición más bonita de él la hizo Cocteau: «Victor Hugo era un loco que se creía Victor Hugo».

En la casa de la plaza de los Vosgos donde vivió hay un museo dedicado a su memoria, en el que se puede ver en una vitrina un sobre dirigido a él que llevaba como única dirección: «Mr. Victor Hugo. Océan». Y ya era tan famoso que la carta llegó a sus manos. Aquello de océano le viene de perillas, por lo demás. Eso fue: un mar inmenso, quieto a ratos y a veces agitado por tormentas sobrecogedoras, un océano habitado por hermosas bandadas de delfines y por crustáceos sórdidos y eléctricas anguilas, un infinito maremágnum de aguas encrespadas donde conviven lo mejor y lo peor —lo más bello y lo más feo— de las creaciones humanas.

Madrid, septiembre de 2003

Flaubert, nuestro contemporáneo

¿Qué puede aprender de *Madame Bovary* un novelista de nuestros días? Todo lo esencial de la novela moderna: que ésta es arte, belleza creada, un objeto artificial que produce placer por la eficacia de una forma que, como en la poesía, la pintura, la danza o la música, es en la novela el factor determinante del contenido.

Antes de Flaubert, los novelistas intuían la función neurálgica de la forma en el éxito o el fracaso de sus historias, y el instinto y la imaginación los conducían a dar coherencia estilística a sus temas, a organizar los puntos de vista y el tiempo de manera que sus novelas alcanzaran una apariencia de autonomía. Pero sólo a partir de Flaubert ese saber espontáneo, difuso e intuitivo, se vuelve conocimiento racional, teoría, conciencia artística.

Flaubert fue el primer novelista moderno porque fue el primero en comprender que el problema básico a la hora de escribir una novela es el narrador, ese personaje que cuenta —el más importante en todas las historias— y que no es nunca quien escribe, aun en los casos en que cuente en primera persona y haga pasar por suyo el nombre del autor. Flaubert entendió, antes que nadie, que el narrador es siempre una invención. Porque el autor es un ser de carne y hueso y aquél una criatura de palabras, una voz. Y porque el autor tiene una existencia que desborda las historias que escribe, que las antecede y que las sigue, en tanto que el narrador de una historia sólo vive mientras la cuenta y para contarla: nace y muere con ella y su ser es tan dependiente de ella como ella lo es de él.

Con Flaubert, los novelistas perdieron la inocencia con que antes se sentaban ante su mesa de trabajo y transubstanciándose en un narrador —creyendo que se transubstanciaban en un narrador— se disponían a contar sus historias desde un *yo* intruso, que, sin formar parte de aquella realidad que describía, delataba todo el tiempo su arbitraria presencia, porque lo sabía todo, siempre mucho más de lo que un personaje podía saber sobre los otros personajes, y que, al mismo tiempo que narraba, opinaba impúdicamente, interfiriendo en la acción y delatando, mediante ucases, la escasa o nula libertad de que gozaban sus criaturas, esos hombres y mujeres a los que sus intromisiones privaban de libre albedrío y convertían en títeres. Es verdad que en las grandes novelas clásicas, los personajes conseguían emanciparse de ese yugo y conquistar su libertad, como el Quijote, pero aun en esos casos excepcionales, la libertad del personaje era una libertad vigilada, provisoria, amenazada siempre de recortes por la irrupción súbita y abusiva del narrador-Dios, egolátrico, exhibicionista, capaz a veces, como el de *Los miserables* de Victor Hugo, de interrumpir la historia novelesca para introducir largos paréntesis —verdaderos *collages*— sobre la batalla de Waterloo o la importancia del excremento humano como fertilizante de la naturaleza.

Flaubert introdujo en la narrativa aquella «sospecha» de la que habló Nathalie Sarraute en *L'Ère du soupçon*. Para ser «creíble» no bastaba que un narrador tuviera una prosa excelsa y una fantasía afiebrada. Por el contrario, todo aquello que delatara su presencia arbitraria —no justificada por las necesidades de la anécdota— conspiraba contra el poder persuasivo de la historia y debilitaba la verosimilitud de lo narrado. El narrador no podía permitirse ya, como antaño, ofrecerse en espectáculo sin arrasar con la credibilidad de la historia, el único espectáculo admisible dentro de una novela y en el que el requisito esencial para su éxito era la ilusión de libertad que debían comunicar al lector sus personajes en lo que hacían o dejaban de hacer. Como no es posible que una novela no tenga un progenitor, no salga de una cabeza y una mano ajenas a ella, a fin de que aquel espectáculo pareciera tan espontáneo y libre «como la vida misma», Flaubert perfeccionó una serie de recursos narrativos encaminados a invisibilizar la presencia del intruso irremediable y convirtió al narrador en ese fantasma que es todavía en las novelas modernas, cuando no asume el papel de un simple personaje entre los otros, implicado como ellos en la trama, y que no goza de ningún privilegio de omnisciencia ni ubicuidad y está tan condicionado como aquéllos en lo que sabe, hace y ve.

Flaubert fue el primer novelista en tomar conciencia clara de que para transmitir al lector la impresión de vida propia que dan las buenas historias, la novela debía aparecer a sus ojos como una realidad soberana, autosuficiente, no parásita de la vida exterior a ella —la vida real— y que esa ilusión de soberanía, de autonomía total, una novela la lograba únicamente mediante la eficacia de la forma, es decir, del estilo y el orden de esa representación de la vida que toda ficción aspira a ser.

Para conseguir la autonomía de la ficción, Flaubert se valió de dos técnicas que usó genialmente en la primera de sus obras maestras, *Madame Bovary*: la impersonalidad o invisibilidad del narrador y *le mot juste*, la precisión y economía de un lenguaje que diera la sensación de ser tan absolutamente necesario que nada faltaba ni sobraba en él para la realización cabal de lo que se proponía contar.

A partir de Flaubert los buenos novelistas no lo fueron sólo por el vuelo de su imaginación, lo atractivo de sus historias, el relieve y la figura de sus criaturas, sino, sobre todo, por su manejo de las palabras, los alardes de su técnica, las astucias de su empleo del tiempo y la originalidad arquitectónica de sus historias. Desde Flaubert, los novelistas siguieron siendo soñadores, fantaseadores, memoriosos; pero, ante todo, fueron estilistas, relojeros de palabras, ingenieros de cronologías, planificadores minuciosos de la aventura humana. Las alucinaciones y videncias siguieron estando permitidas, a condición de que cuajaran en una prosa adecuada y una estructura funcional. Ni el genio de un Proust, ni el de Joyce, ni el de Virginia Woolf, ni el de Kafka, ni el de Faulkner, hubieran sido posibles sin la lección de Flaubert.

En vez de inaugurar el «realismo», como dice un arraigado lugar común, con *Madame Bovary* Flaubert revolucionó la tradicional noción de «realismo» en literatura como imitación o reproducción fiel de la realidad. Todas las ideas de Flaubert sobre la novela, elaboradas a lo largo de toda su vida y diseminadas en su correspondencia —el más lúcido y profundo tratado sobre el arte narrativo que se haya escrito— llevan irremediablemente a descartar aquella noción como quimérica y a sostener lo contrario: que entre la realidad real y la realidad novelesca no hay identificación posible sino una distancia infranqueable, la misma que separa el fantasma del hombre de carne y hueso o al espejismo del desierto en el que aparecen sus frescas cascadas y sus hospitalarios oasis. La novela no es un espejo de la realidad: es *otra* realidad, creada de pies a cabeza por una combinación de fantasía, estilo y artesanía. Ella es siempre «realista» o nunca lo es, con prescindencia de que cuente una historia tan verificable en la realidad como la de Emma Bovary o la de Frédéric Moreau, o tan fabulosa y mítica como las tentaciones que resistió San Antonio en el desierto o las operáticas batallas de los mercenarios de *Salambó* en la exótica tierra de Cartago.

Desde Flaubert el «realismo» es también una ficción y toda novela dotada de un poder de persuasión suficiente para seducir al lector es realista —pues comunica una ilusión de realidad— y toda novela que carece de ese poder es irreal.

La brevísima expresión *le mot juste* encierra todo un mundo. ¿Qué es, cómo se mide la exactitud y la precisión de un discurso narrativo? Flaubert creía que sometiendo cada frase —cada palabra— a la prueba del *gueuloir* o del oído. Si, leyéndola en alta voz, sonaba de manera armoniosa y nada chirriaba ni desentonaba en ella, la frase era la perfecta expresión del pensamiento, había una fusión total entre palabras e ideas, y el estilo alcanzaba su máxima eficacia. «*Plus une idée est belle, plus la phrase est sonore; soyez-en sûr. La précision de la pensée fait (et est elle-même) celle du mot*». («Mientras más bella es una idea, más sonora es la frase. Créame: la precisión del pensamiento determina —y es ella misma— la de la palabra»). (Carta a Mlle. Leroyer de Chantepie, del 12 de diciembre de 1857). En cambio, si, sometida a esa prueba oral, algo —una sílaba, un silencio, una cacofonía, un bache auditivo— estropeaba la fluidez musical de la expresión, no eran las palabras sino las ideas las que tropezaban y las que era preciso revisar. Esta fórmula fue válida para Flaubert, pero el principio del *mot juste* no implica que haya una única manera de contar todas las historias, sino, más bien, que cada historia tiene una manera privilegiada de ser contada, una manera gracias a la cual esta historia alcanza su máximo poder de persuasión.

La *palabra justa* lo es sólo en función de lo que las palabras quieran contar. La economía del discurso en los cuentos de Borges es tan indispensable a sus ceñidas parábolas como las anfractuosidades oleaginosas del lenguaje en las reminiscencias de Proust: lo importante es que las palabras y lo que dicen, sugieren o suponen formen una identidad indestructible, un todo sin cesuras, y que no ocurra lo que en las malas novelas —por eso lo son—, que la historia y la voz que la cuenta de repente se distancien, porque, como en los matrimonios fracasados, ya no se llevan bien y se han vuelto incompatibles. Ese divorcio se consuma cada vez que el lector de una novela advierte de pronto que aquello que lee no *es*, no se va haciendo ante sus ojos como por arte de magia, que en verdad le está siendo contado, y que hay, entre quien cuenta y lo que cuenta, cierta incompatibilidad. Esa toma de conciencia de una forma y un contenido distintos, alérgicos entre sí, mata la ilusión y desacredita la anécdota.

Le mot juste quiere decir funcionalidad, un estilo que se ajusta como un guante a la historia y que se funde en ella como esos zapatos que se vuelven pies en un célebre cuadro surrealista de Magritte: *Le modèle rouge* (1935). No hay, pues, un estilo, sino tantos como historias logradas, y en un mismo autor los estilos pueden cambiar, como cambian en Flaubert: la prosa precisa, escueta, fría y «realista» de *Madame Bovary* y *La educación sentimental*, se vuelve lírica, romántica, por momentos visionaria y mítica en *La tentación de San Antonio* y *Salambó*, y erudita, científica, preñada de ironías y sarcasmos y con resabios de humor, en la inconclusa *Bouvard y Pécuchet*. La «conciencia de estilo» que caracteriza al novelista moderno se debe, en gran medida, a esa desesperación con que Flaubert luchó toda su vida para escribir ese imposible libro «sobre nada», que fuera hecho «sólo de palabras», del que habló en su correspondencia a Louise Colet. Todos lo son, desde luego, pero la gran paradoja es que las obras maestras como las que él escribió parecen justamente lo opuesto: ser historia, realidad, vida, que existen y ocurren por sí mismas, por su propia verdad y fuerza, sin necesidad de esas palabras que han desaparecido en ellas para que los hechos, las personas y los paisajes sean más ciertos y visibles.

Cuando *Madame Bovary* apareció, algunos críticos la acusaron de fría y casi inhumana debido a la objetividad con que la historia estaba contada. Ocurre que juzgaban con el telón de fondo de las novelas románticas en las que el narrador intruso gemía y se condolía por las desventuras de sus héroes. En la novela flaubertiana las reacciones emocionales ante los sucesos de la historia correspondían al lector, la función del narrador era poner bajo los ojos de aquél estos sucesos de la manera más objetiva posible, dejándolo en plena libertad de decidir por sí mismo si, ante las peripecias de la historia, entristecerse, alegrarse o bostezar. Lo que en otras palabras significa que Flaubert al elaborar una manera de narrar que hacía de los personajes de una historia seres libres, libraba al mismo tiempo al lector de la servidumbre a que lo sometían las novelas clásicas que, al mismo tiempo que una historia, le infligían una única manera de leerla y de vivirla. Por eso, si hay que resumir en una fórmula la contribución de Flaubert a la novela, puede decirse de él que fue el *libertador* del personaje y del lector.

Lima, marzo de 2004

La lucha con el ángel

El párroco de la iglesia de Saint-Sulpice, en París, anda muy atareado últimamente, con las masas de turistas que, su ejemplar de *El código Da Vinci*, de Dan Brown, bajo el brazo, vienen a preguntarle dónde está la línea de plata en el centro de la nave que describe el narrador (y que en efecto existe) y dónde se comete aquel crimen que es uno de los episodios neurálgicos de la novela. Un amigo mío que trabaja en la editorial Plon, exactamente frente a Saint-Sulpice, al otro lado de la bellísima plaza, y que conoce al párroco, me dice que éste anda desconcertado y entristecido con esta prueba flagrante de enajenación colectiva: ¿cómo es posible que tanta gente se tome en serio ese disparate sacrílego según el cual Cristo y María Magdalena procrearon y el secreto de la estirpe que así fundaron lo preserva hasta nuestros días una secta de fanáticos que no vacila en recurrir al crimen para evitar que se haga público?

El acosado párroco sabe sin duda mucho de religión pero lo ignora todo sobre los poderes de la ficción para irrumpir en la historia y en la vida y trastocarlas. Por lo demás, no existe una ciudad en el mundo como París donde la literatura haya depositado, sobre la realidad, una capa tan rica y deslumbrante de mentiras literarias, inseparables ya de aquélla, y a menudo más ciertas y visibles que las verdades objetivas que les gustan a los historiadores. Puede ser que el monstruoso Quasimodo y la bella gitanilla sólo existieran en la fantasía de Victor Hugo, pero todo aquel que entra a Notre-Dame, haya ido allí o no por ellos, siente su presencia rondando las torres y asomando entre las gárgolas y sabe que la imposible pareja está ya como transubstanciada de la novela a la catedral de los franceses, de la que nadie podrá ya erradicarla nunca. Y, en cuanto a Saint-Sulpice, yo confieso que todas las veces que he entrado a su monumental estructura, he ido a curiosear aquel rincón desde el que Marius, en *Los miserables*, ve por única vez en la vida a su padre, el señor de Pontmercy.

Esta mañana estuve por enésima vez en Saint-Sulpice, empujado allí por un librito de Jean-Paul Kauffmann, *La Lutte avec l'Ange*, que es un contagioso acto de amor a esta iglesia y a Delacroix y a los tres murales con que este pintor decoró la más famosa de sus capillas, la de los Santos Ángeles. El libro se puede leer como una guía minuciosa de ese templo, levantado sobre un terreno en el que existió, en el siglo XII, una pequeña iglesia, y en el que, además de aquellas naves, altares, vitrales, cúpulas, columnas con que se da el visitante apenas cruza la entrada, existe un verdadero laberinto de galerías, sótanos, depósitos, viviendas aéreas, terrazas, además de un cementerio donde más de cinco mil restos humanos fueron enterrados a lo largo del tiempo. Esta dimensión oculta de Saint-Sulpice está tan cargada de historia, de leyenda y de ficción como sus naves y altares públicos y ha fascinado tradicionalmente a artistas, poetas y escritores que han poblado ese dédalo misterioso con toda clase de fantasías y de personajes fascinantes. En el libro de Kauffmann esta historia fantástica añadida por la imaginación literaria y artística a las piedras de Saint-Sulpice es tan fascinante como la real.

El arte, la fantasía y la ficción acompañaron a Saint-Sulpice desde que se echaron los cimientos. Kauffmann ve una premonición de su destino en el que historia y mito serían inseparables en el hecho de que sus arquitectos concibieran su estructura como un espacio teatral. Y esto es cierto sobre todo de su espectacular fachada, con esas tres filas de columnas macizas, que parecen el soberbio decorado de un gran espectáculo multitudinario. No es raro que fuera ideada de este modo, pues quien diseñó esa fachada fue Servandoni, decorador de ópera, maestro de maquinistas y, dice Kauffmann, «rey de los efectos especiales» de su tiempo. Una leyenda tenaz asegura que Servandoni, una vez terminada la construcción de Saint-Sulpice (en verdad, su torre sur quedó incompleta), se suicidó, lanzándose al vacío desde el campanario. No es cierto, Servandoni murió tranquilamente en su cama, pero la tétrica leyenda ha sustituido a la historia objetiva y esta mañana mismo yo oí a un guía rememorando aquel suicidio ante una ronda de turistas canadienses.

Son incontables los textos literarios que Saint-Sulpice ha inspirado y las vinculaciones de la iglesia con una robusta genealogía de escritores. En ella fueron bautizados dos personajes satánicos, como el marqués de Sade y Baudelaire, y un gran cultor del misticismo y el satanismo, Huysmans, sitúa parte de la historia de su novela *Là-Bas* —macabra y oscurantista a más no poder— en ese marco. Balzac la convirtió en el escenario de *La misa del ateo* y Maurice Barrès le dedica todo un libro. Durante la Revolución, Saint-Sulpice fue declarada un templo dedicado a la diosa Razón y en los afiebrados días de la Comuna la iglesia fue ocupada por el Club de la Victoria, una de las facciones de los insurrectos, y desde su coqueto púlpito barroco pronunció discursos incendiarios la magnífica Louise Michel.

Pero la figura que con justicia se asocia más ahora con Saint-Sulpice es Delacroix, gracias a *La lucha con el ángel*, el principal de los murales de la capilla de los Santos Ángeles. Le tomó cerca de siete años pintarlo y su gestación, descrita con minucia y elegancia por Jean-Paul Kauffmann, es una demostración ejemplar de aquel combate invisible pero feroz contra la incertidumbre, el desfallecimiento, los imprevistos y demás obstáculos que, según la imaginación romántica, el creador debe vencer para producir una obra maestra. Desde entonces, ésta es una de las lecturas metafóricas más frecuentes de aquel episodio del Antiguo Testamento (Génesis, XXXII) en el que Jacob lucha a lo largo de toda una noche con un desconocido que le sale al encuentro, cerrándole el paso, a orillas del río Yabboq. Al amanecer, éste cede, indicando de este modo que Jacob ha superado la prueba. ¿Con quién ha luchado? ¿Con el propio Dios? ¿Con un ángel? ¿Contra sí mismo?

Delacroix debió de luchar, ante todo, contra la humedad de un muro que absorbía los aceites y destruía una y otra vez la base del mural. Cuando esta dificultad fue superada, surgieron otras, muchas, empezando por unas crisis de desmoralización y de dudas que lo arrancaban de Saint-Sulpice y lo ahuyentaban a la campiña, donde, solo y entre los árboles, meditando, reconstituía su ánimo y su capacidad de trabajo. Nunca se casó y, aunque se le conocieron amantes, las mantuvo siempre a cierta distancia, temeroso de que obstruyeran su trabajo, verdadera obsesión de su vida. Una de sus angustias era la del fiasco sexual, que asoma a veces, en alusiones dramáticas, en las páginas de su *Diario*. Una relación curiosa lo unió a su sirvienta, Jenny Le Guillou, una mujer devota a él, fea y vulgar. Los testimonios de amigos y parientes son categóricos: nunca hubo entre ellos la menor intimidad carnal. Pero Delacroix le profesaba un gran cariño, pues viajaba con ella, la alojaba en cuartos vecinos en hoteles y hosterías, y le hacía públicas demostraciones de afecto. Alguien lo vio llevando a Jenny a conocer el Louvre y dándole detalladas explicaciones sobre la escultura asiria.

¿Supo Delacroix que en todo París corría el chisme de que no era hijo de su padre sino del príncipe de Talleyrand? Probablemente, sí, y no es imposible que este rumor contribuyera a forjar su personalidad un tanto altiva, solitaria y desdeñosa de la sociedad. Nunca se ha podido probar que fuera hijo del príncipe, pero los historiadores, hurgadores de intimidades, han llegado a la conclusión de que difícilmente pudo ser hijo de su padre, pues a don Charles Delacroix, en la época en que debía de haberlo engendrado, lo afligía un enorme tumor en los testículos que le impedía procrear. Esto puede parecer mera chismografía, pero no lo es para un artista tan entregado y excluyente como él, que volcaba en sus cuadros todo lo que había en su personalidad, sus más altos ideales y sus miserias más sórdidas. Pues para Delacroix, como para todo genuino creador, crear era una suerte de inmolación.

Para saberlo basta pasarse un buen rato frente al majestuoso mural de Saint-Sulpice, contemplando esa extraña, inquietante pelea, que tiene algo de combate amoroso, en la que el bíblico Jacob embiste con furia y el ángel lo ataja y paraliza, sin inmutarse, se diría que sin el menor esfuerzo, sereno y hasta afectuoso, frenándolo con su mano izquierda y, con la derecha, ciñendo su muslo de un modo que parece más una caricia que un golpe. En Jacob hay desesperación, esfuerzo frenético, ira y miedo. En el ángel, la serenidad absoluta de quien sabe que todo aquello es una mera representación de un libreto cuyo desenlace conoce de memoria. Los tres gigantescos árboles a cuyos pies se celebra esa contienda parecen animados por la manera como se agitan y encrespan, espectadores que han tomado partido a favor de uno u otro de los luchadores.

Con mucha razón, entre todos los exegetas de estas imágenes, no hay uno solo que haya visto en este enfrentamiento nada más que un pugilato, que no haya advertido en él una o varias metáforas: de la condición humana, de la relación del hombre con Dios, del artista con su empeño de romper los límites y dejar una obra que lo trascienda, de la vida y la muerte.

Todas ellas pueden ser ciertas, o falsas, importa muy poco. Lo importante es que el mural que pintó Delacroix, en esos siete años de lucha con el ángel, invita de manera irresistible a fantasear, a salir de la cárcel de la realidad y a vivir en las luminosas moradas de ese mundo de mentiras, emancipado del tiempo y de la usura, en el que aquella pareja se agrede o se acaricia, en un paisaje bravío, interminablemente.

París, noviembre de 2005

La odisea de Flora Tristán

El XIX no fue sólo el siglo de la novela y los nacionalismos: fue también el de las utopías. Tuvo la culpa de ello la Gran Revolución de 1789: el cataclismo y las transformaciones sociales que acarreó convencieron tanto a sus partidarios como adversarios, no sólo en Francia sino en el mundo entero, de que la historia podía ser modelada como una escultura, hasta alcanzar la perfección de una obra de arte. Con una condición: que la mente concibiera previamente un plan o modelo teórico al que luego la acción humana calzaría la realidad como una mano a un guante. Huellas de esta idea se pueden rastrear muy lejos, por lo menos hasta la Grecia clásica. En el Renacimiento ella cristalizó en obras tan importantes como *Utopía*, de Sir Thomas More, fundadora de un género que se prolonga hasta nuestros días. Pero nunca antes, ni después, como en el XIX, fue tan poderosa, ni sedujo a tanta gente, ni generó empresas intelectuales tan osadas, ni inflamó la imaginación y el idealismo (a veces la locura) de tantos pensadores, revolucionarios o ciudadanos comunes y corrientes, la convicción de que, teniendo las ideas adecuadas y poniendo a su servicio la abnegación y el coraje debidos, se podía bajar a la tierra el paraíso y crear una sociedad sin contradicciones ni injusticias, en la que hombres y mujeres vivirían en paz y en orden, compartiendo los beneficios de aquellos tres principios del ideal revolucionario del 89 armoniosamente integrados: la libertad, la igualdad y la fraternidad.

Todo el siglo XIX está constelado de utopías y utopistas, entre los que coexisten, junto a sectas entregadas al activismo violento semejantes a la formada por los discípulos de Noël Babeuf (1746-1797), pensadores notables, como Saint-Simon (1760-1825) y Charles Fourier (1772-1837), empresarios audaces tipo el escocés Robert Owen, hombres de acción y aventura, entre los que descuella el anarquista ruso Mikhail Bakunin (1814-1876), soñadores más llamativos que profundos, tal Étienne Cabet (1788-1856), o delirantes del género Jules-Simon Ganneau (1806-1851), mesiánico fundador del *Evadisme*. El más importante de todos los utopistas decimonónicos, en términos históricos, fue sin duda Carlos Marx, cuya utopía «científica» absorbería buena parte de las que la precedieron y terminaría por cancelarlas a todas.

A esta dinastía de grandes inconformes, objetores radicales de la sociedad en la que nacieron y fanáticamente persuadidos de que era posible reformarla de raíz para erradicar las injusticias y el sufrimiento e instaurar la felicidad humana, pertenece Flora Tristán (1803-1844), la temeraria y romántica justiciera que, primero en su vida difícil y asaeteada por la adversidad, luego en sus escritos y finalmente en la apasionada militancia política de sus dos últimos años de vida, trazaría una imagen de rebeldía, audacia, idealismo, ingenuidad, truculencia y aventura que justifica plenamente el elogio que hizo de ella el padre del surrealismo, André Breton: «*Il n'est peut-être pas de destinée féminine qui, au firmament de l'esprit, laisse un sillage aussi long et aussi lumineux*». («Acaso no haya destino femenino que deje, en el firmamento del espíritu, una semilla tan larga y luminosa»). La palabra «femenino» es aquí imprescindible. No sólo porque, en el vasto elenco de forjadores de utopías sociales decimonónicas, Flora Tristán es la única mujer, sino, sobre todo, porque su voluntad de reconstruir enteramente la sociedad sobre bases nuevas nació de su indignación ante la discriminación y las servidumbres de que eran víctimas las mujeres de su tiempo y que ella experimentó como pocas en carne propia.

Dos experiencias traumáticas y un viaje al Perú son los acontecimientos decisivos en la vida de Flora Tristán, nacida en París el 7 de abril de 1803 y a la que sus padres bautizaron con el nombre largo y rimbombante de Flora Celestina Teresa Enriqueta Tristán Moscoso: su nacimiento y su matrimonio. Su padre, don Mariano Tristán y Moscoso, peruano, pertenecía a una familia muy próspera y poderosa y servía en los ejércitos del rey de España. Su madre, Anne-Pierre Laisnay, francesa, se había refugiado en Bilbao, huyendo de la Gran Revolución. Allí se conocieron y al parecer se unieron —no hay pruebas de ello— en un matrimonio religioso administrado por un sacerdote francés, también exiliado, que carecía de legitimidad legal. Por lo tanto, Flora nació como una hija bastarda, condición infamante que desde la cuna la condenó a un destino de «paria», credencial que, años más tarde, ella reivindicaría con insolencia en el título del más famoso de sus libros: *Peregrinaciones de una paria* (1837). Al morir el padre, en junio de 1807, cuando la niña no había cumplido aún cinco años, la madre y la hija, por carecer de títulos legales, fueron despojadas de la elegante propiedad donde vivían, en Vaugirard, y todos los bienes de don Mariano revertieron a su familia en el Perú. Al cabo de unos años, después de una gradual declinación social, encontramos a Flora y a su madre habitando un barrio pobre de París —los alrededores de la plaza Maubert— y a aquélla ingresando a trabajar, jovencita, como obrera colorista, en el taller de grabado del pintor y litógrafo André Chazal, que se enamoró de ella. El matrimonio de la pareja, celebrado el 3 de febrero de 1821, fue, para Flora, una catástrofe que marcaría su vida de manera aún más dramática que su condición de hija ilegítima.

Lo fue porque, desde el principio, sintió que aquel lazo de unión hacía de ella un mero apéndice de su marido, una reproductora de hijos —tuvo tres, en cuatro años— y un ser enteramente privado de vida propia y de libertad. De esta época nació en Flora la convicción de que el matrimonio era una institución intolerable, un trato comercial en el que una mujer era vendida a un hombre y convertida poco menos que en una esclava, de por vida, pues el divorcio había sido abolido con la Restauración. E hizo brotar en ella, asimismo, un instintivo rechazo de la maternidad y una desconfianza profunda hacia el sexo, en los que presentía otros tantos instrumentos de la servidumbre de la mujer, de su humillante sujeción al hombre.

A los veintidós años, Flora perpetró el acto más audaz de su vida, que consagraría definitivamente su destino de paria y de rebelde: abandonó su hogar, llevándose a los hijos, con lo que no sólo se ganó el tremendo descrédito que la moral de la época confería a semejante gesto, sino incluso se puso fuera de la ley, cometiendo un acto que hubiera podido llevarla a la cárcel si André Chazal la denunciaba. Hay a partir de allí —1825 a 1830—, en su vida, un periodo incierto, del que sabemos muy poco, y lo que sabemos, todo a través de ella, probablemente muy retocado a fin de ocultar la deprimente verdad. Lo seguro es que en esos años vivió huyendo, escondiéndose, en condiciones dificilísimas —su madre no aprobaba lo que hacía y desde entonces las relaciones entre ambas parecen haber cesado—, y con el permanente temor de que André Chazal, o la autoridad, dieran con ella. Dos de sus tres hijos morirían en los años siguientes; sólo sobrevivió Aline Marie (la futura madre de Paul Gauguin), niña que pasó buena parte de su infancia en el campo, con nodrizas, mientras su madre, a la vez que se ocultaba, se ganaba la vida como podía. Años más tarde dirá que se empleó como dama de compañía (no es improbable que fuera una simple sirvienta) con una familia inglesa, a la que acompañó por Europa y que de este modo hizo su primer viaje a Inglaterra. Nada de eso es seguro y todo es posible en esos años de los que lo único absolutamente cierto es que para Flora debieron de ser durísimos, y que en ellos se templó el bravo carácter de que haría siempre gala, su coraje ilimitado, su audacia, y su convicción de que el mundo estaba mal hecho y era injusto, discriminatorio y brutal, y que las víctimas privilegiadas de la injusticia reinante eran las mujeres.

El viaje al Perú de Flora —donde viviría cerca de un año— tuvo, según ella, un origen accidental, de novela romántica. En un albergue parisino ella habría encontrado, de casualidad, a Zacarías Chabrié, un capitán de barco que viajaba a menudo entre Francia y el Perú, donde había conocido, en Arequipa, a la acaudalada y poderosa familia Tristán, cuya cabeza era don Pío Tristán y Moscoso, el hermano menor de don Mariano, padre de Flora. El propio Chabrié, dice, la animó a escribir a su tío carnal. Ella lo hizo, una carta sentida y suplicante, refiriéndole las penurias y dificultades que ella y su madre habían padecido desde la muerte de su padre, debido al irregular matrimonio de sus progenitores y pidiéndole ayuda, incluso el reconocimiento. Don Pío contestó, al cabo de largos meses, una misiva astuta, en la que, junto al cariño hacia la sobrinita recién aparecida y en medio de protestas de amor hacia su hermano Mariano, asoma ya la firme negativa a considerar siquiera el reconocimiento legal como heredera legítima de quien, por mano propia, admitía haber nacido de una unión no legal. Pero, sin embargo, le enviaba un dinero en su nombre, y otro en el de su abuela, todavía viva.

Luego de tres años de querellas conyugales con Chazal y fugas repetidas, Flora se embarca finalmente, en abril de 1833, en Burdeos, en el barco que la llevará al Perú. Su capitán es nada menos que Zacarías Chabrié. La travesía de seis meses, rodeada de dieciséis varones —ella, la única mujer— tuvo ribetes homéricos. Flora permaneció en Arequipa ocho meses y dos en Lima, antes de regresar a Francia, a mediados de 1834. Éste es un periodo fronterizo en su trayectoria vital, el que separa a la joven inconforme y confundida que huía de un marido y soñaba con un golpe de fortuna —ser reconocida como hija de don Mariano por su familia peruana y alcanzar de súbito la legitimidad y la riqueza—, de la agitadora social, la escritora y la revolucionaria que orienta su vida de manera resuelta a luchar, con la pluma y la palabra, por la justicia social en cuyo vértice ella ponía la emancipación de la mujer.

En Arequipa, su tío don Pío canceló de manera definitiva sus ilusiones de ser reconocida como hija legítima, y, por lo tanto, de heredar su patrimonio. Pero esta frustración se vio en cierto modo aliviada por la buena vida que allí llevó aquellos ocho meses, alojada en la casa señorial de la familia, rodeada de sirvientas y de esclavas, mimada y halagada por la tribu de los Tristán y requerida y cortejada por toda la «buena sociedad» arequipeña, a la que la llegada de la joven y bella parisina de grandes ojos, larga cabellera oscura y tez muy blanca, puso de vuelta y media. Ella había ocultado a todo el mundo, empezando por don Pío, que era casada y madre de tres hijos. No hay duda de que a su alrededor debieron de revolotear los galanes como moscardones. Flora se divirtió, sin duda, con aquel confort, seguridad y buena vida que por primera vez disfrutaba. Pero, también, observó y anotó, fascinada, la vida y las costumbres de aquel país, tan distinto del suyo, que comenzaba apenas su historia de República independiente, aunque las instituciones, los prejuicios y formalismos de la Colonia se conservaran casi intactos. En su libro de memorias, trazaría un formidable retrato de aquella sociedad feudal y violenta, de tremendos contrastes económicos y abismales antagonismos, raciales, sociales y religiosos, de sus conventos y su religión cargada de idolatría, y de su behetría política, en la que los caudillos se disputaban el poder en guerras que eran a menudo, como la que le tocó presenciar en la pampa de Cangallo, sangrientas y grotescas. Ese libro que limeños y arequipeños quemarían, indignados por el cruel retrato que hacía de ellos, es uno de los más fascinantes testimonios que existen sobre el despuntar, en medio del caos, la fanfarria, el colorido, la violencia y el delirio, de la vida en América Latina luego de la independencia.

Pero no sólo racismo, salvajismo y privilegios abundaban en el país de su padre. Para su sorpresa, había allí también algunas rarezas que Flora no había conocido en París, y precisamente en un dominio para ella primordial: el femenino. Las mujeres de sociedad, por lo pronto, disfrutaban de unas libertades notables, pues fumaban, apostaban dinero, montaban a caballo cuando querían, y, en Lima, las tapadas —el vestido más sensual que Flora había visto nunca— salían a la calle solas, a coquetear con los caballeros, y disponían de una autonomía y de una falta de prejuicios considerable, incluso desde una perspectiva parisina. Hasta las monjas, en los conventos de clausura donde Flora consiguió deslizarse, gozaban de una libertad de maneras y se permitían unos excesos que no se condecían para nada con su condición de religiosas, ni con esa imagen de la mujer humillada y vencida, mero apéndice del padre, del marido o del jefe de familia, que Flora traía en la cabeza. Desde luego que las peruanas no eran libres a la par que el hombre ni mucho menos. Pero, en algunos casos, rivalizaban con él, y en su propio campo, de igual a igual. En la guerra, por ejemplo, las *rabonas* acompañaban a los soldados y les cocinaban y lavaban y curaban, y peleaban junto a ellos, y se encargaban de asaltar las aldeas para garantizar el rancho de la tropa. Esas mujeres, sin saberlo, habían alcanzado, en los hechos, una vida propia y destrozado el mito de la mujer desvalida, débil e inútil para la vida viril. La figura que personificó, más que ninguna otra, para Flora esos casos de mujer emancipada y activa, que invadía los dominios tradicionalmente considerados como exclusivos del hombre, fue doña Francisca Zubiaga de Gamarra, esposa del Mariscal Gamarra, héroe de la independencia y presidente de la República, cuya figura palidecía ante la sobresaliente personalidad de su mujer. Doña Pancha, o la Mariscala, como la llamaba el pueblo, había reemplazado a su marido en la Prefectura del Cuzco cuando él salía de viaje, y aplastado conspiraciones gracias a su astucia y coraje. Vestida de soldado y a caballo había participado en todas las guerras civiles, luchando hombro a hombro con Gamarra, y hasta había dirigido la tropa que ganó a los bolivianos la batalla de Paria. Cuando Agustín Gamarra fue presidente, era *vox populi* que ella había sido el poder detrás del trono, tomando las iniciativas principales y protagonizando estupendos escándalos, como dar de latigazos, en una ceremonia oficial, a un militar que se jactaba de ser su amante. La impresión que hizo en Flora la Mariscala, a quien conoció brevemente, cuando ésta ya partía hacia el exilio, fue enorme y no hay duda que contribuyó a hacer nacer en ella la idea, primero, de que era posible, para una mujer, rebelarse contra su condición discriminada, de ciudadano de segunda, y, luego, la decisión de actuar en el campo intelectual y político para cambiar la sociedad. Ésta es la herencia que Flora trae del Perú a París, a principios de 1835, cuando retorna a su patria y se lanza, llena de entusiasmo, a una nueva vida, muy distinta de la anterior.

La Flora Tristán de los años siguientes a su regreso a Francia ya no es la rebelde fugitiva de antaño. Es una mujer resuelta y segura de sí misma, rebosante de energía, que se multiplica para informarse y educarse —había recibido una instrucción elemental, como delatan sus faltas gramaticales— y hacerse de una cultura que le permita dar aquella batalla intelectual en favor de la mujer y la justicia que es su nuevo designio. A la vez que escribe *Peregrinaciones de una paria*, se vincula a los grupos sansimonianos, fourieristas (conoce al propio Fourier, de quien siempre hablará con respeto) y los sectores más o menos contestatarios del *statu quo*, se entrevista con el reformador escocés Robert Owen, y comienza a colaborar en publicaciones importantes, como la *Revue de Paris*, *L'Artiste* y *Le Voleur*. Escribe un folleto proponiendo crear una sociedad para prestar ayuda a las mujeres forasteras que lleguen a París, firma manifiestos pidiendo la supresión de la pena de muerte y envía a los parlamentarios una petición en favor del restablecimiento del divorcio. Al mismo tiempo, estos años están marcados por una guerrilla particular, legal y personal, contra André Chazal, que hasta en tres oportunidades secuestra a sus hijos. En una de ellas, la menor, Aline, lo acusa de intentar violarla, lo que provoca un sonado proceso y un escándalo social. Pues la publicación de *Peregrinaciones de una paria*, en 1837, recibido con gran éxito, ha hecho de Flora una persona muy conocida, que frecuenta los salones y se codea con intelectuales, artistas y políticos de renombre. Incapaz de resistir la suprema humillación de ver a su mujer triunfar de este modo, con un libro en el que su vida conyugal es exhibida a plena luz con escalofriante franqueza, André Chazal intenta asesinarla, en la calle, disparándole a bocajarro. Sólo la hiere y el proyectil quedará alojado en el pecho de Flora, como helado compañero de sus andanzas en los seis años que le quedan de vida. En ellos, por lo menos, habrá desaparecido de su camino la pesadilla de André Chazal, condenado a veinte años de cárcel por su acción criminal.

Flora Tristán hubiera podido instalarse en esa prestigiosa situación alcanzada y dedicar el resto de su tiempo a apuntalarla, escribiendo y actuando en los círculos intelectuales y artísticos parisinos que le habían abierto las puertas. Habría llegado a ser, acaso, una encumbrada socialista de salón, como George Sand, que siempre miró a esta advenediza por sobre el hombro. Pero había en ella, a falta de esa formación cultural de la que el drama de su origen la privó, y a pesar de su carácter que podía ser explosivo, una integridad moral profunda que muy pronto le hizo advertir que la justicia y el cambio social que ella ardientemente deseaba no se conquistarían jamás desde los refinados y exclusivos circuitos de escritores, académicos, artistas y esnobs y frívolos donde las ideas revolucionarias y los propósitos de reforma social no eran, en la mayoría de los casos, sino un juego de salones burgueses, una retórica sin consecuencias.

Apenas recuperada del intento de asesinato, escribe *Méphis* (1838), una novela llena de buenas intenciones sociales y literariamente olvidable. Pero al año siguiente concibe un proyecto osado, que demuestra de manera inequívoca cómo en los meses precedentes el pensamiento de Flora se ha ido radicalizando e impregnando de una creciente beligerancia anticapitalista y antiburguesa: escribir un libro sobre el Londres de la pobreza y la explotación, la cara oculta de la gran transformación económica que ha convertido a la Inglaterra victoriana en la primera nación industrial moderna. Viaja a la capital británica, donde permanece cuatro meses, visitando todos los lugares que los turistas no ven jamás y a algunos de los cuales sólo pudo entrar disfrazándose de hombre: talleres y prostíbulos, barrios marginales, fábricas y manicomios, cárceles y mercados de cosas robadas, asociaciones gremiales y las escuelas de los barrios miserables sostenidas por las parroquias. También, como buscando el contraste, asoma la nariz por el Parlamento británico, las carreras hípicas de Ascot y uno de los clubes más aristocráticos. El libro resultante, *Promenades dans Londres* (1840), es una diatriba feroz y despiadada —a veces excesiva— contra el sistema capitalista y la burguesía a quienes Flora hace responsables de la espantosa miseria, la explotación inicua del obrero y el niño, y de la condición de la mujer —obligada a prostituirse para sobrevivir o a trabajar por salarios misérrimos comparados con los ya modestísimos que ganan los hombres—. El libro, dedicado «a las clases obreras», a diferencia de lo ocurrido con sus memorias del viaje al Perú, fue acogido en Francia con un silencio sepulcral en la prensa bien pensante y sólo mereció reseñas en unas escasas publicaciones proletarias. No es de extrañar: Flora comenzaba a meterse en honduras y a enfrentarse esta vez a descomunales enemigos.

También el viaje a su detestado Londres la devolvió a Francia transformada. Porque en la capital de Gran Bretaña Flora no sólo vio niños de pocos años trabajando en las fábricas jornadas de catorce horas o sirviendo penas de prisión junto a avezados delincuentes o muchachas adolescentes a las que, en los burdeles de lujo, los poderosos hacían beber alcohol con inmundicias para verlas vomitar y caer exánimes a fin de distraer su aburrimiento. Vio también las formidables manifestaciones públicas del movimiento cartista, sus recolecciones de firmas en la calle, la manera como se organizaba, por distritos, ciudades y centros de trabajo y asistió, incluso, con audacia característica, a una reunión clandestina de sus dirigentes, en un *pub* de Fleet Street. Gracias a esa experiencia concibió una idea, de la que nadie le ha reconocido aún la autoría, y que sólo seis años más tarde, en 1848, Carlos Marx lanzaría en el *Manifiesto comunista*: que sólo una gran unión internacional de los trabajadores de todo el mundo tendría la fuerza necesaria para poner fin al sistema presente e inaugurar una nueva era de justicia e igualdad sobre la tierra. En Londres llegó Flora al convencimiento de que las mujeres serían incapaces por sí solas de sacudirse del yugo social; que, para lograrlo, debían unir sus fuerzas con los obreros, las otras víctimas de la sociedad, ese ejército invencible del que ella había vislumbrado la existencia futura en los pacíficos desfiles organizados por los cartistas de millares de proletarios en las calles londinenses.

La utopía particular de Flora Tristán está resumida de manera sucinta en *L'Union Ouvrière* (1843), el pequeño libro que, como no encuentra editor que se anime a publicarlo, edita ella misma, por suscripción, recorriendo las calles de París y tocando las puertas de amigos y conocidos, como se ve en su correspondencia y en el *Diario* que llevó durante su gira por el interior de Francia, y que sólo se publicaría muchos años después de su muerte, en 1973. El objetivo es claro y magnífico: «*Donnez à tous et à toutes le droit au travail (possibilité de manger), le droit à l'instruction (possibilité de vivre par l'esprit), le droit au pain (possibilité de vivre complètement indépendent) et l'humanité aujourd'hui si vile, si repoussante, si hypocritement vicieuse, se transformera de suite et deviendra noble, fière, indépendente, libre! et belle! et hereuse!*» («Dad a todos y a todas el derecho al trabajo —la posibilidad de comer—, el derecho a la instrucción —posibilidad de vivir por el espíritu—, el derecho al pan —posibilidad de vivir del todo independiente— y la humanidad hoy tan vil, tan repugnante, tan hipócritamente viciosa, se transformará en el acto y se volverá noble, orgullosa, independiente, ¡libre!, ¡bella! y ¡feliz!») (*Le Tour de France*, II, p. 192).

Esta revolución debe ser pacífica, inspirada en el amor por la humanidad e impregnada de un espíritu cristiano que (como quería Saint-Simon) rescate la generosidad y la solidaridad con los humildes del cristianismo primitivo que la Iglesia católica luego traicionó y corrompió identificándose con los poderosos. Hasta Dios es reformado por Flora Tristán: se llamará Dioses (*Dieux*), en plural —pero seguirá siendo un ente singular—, pues el ser divino «es padre, madre y embrión: generación activa, generación pasiva y el germen en progreso indefinido». La revolución no será nacionalista; desbordará las fronteras y tendrá un carácter internacional. (Ya en su primer folleto, Flora proclamaba: «Nuestra patria debe ser el universo»). El instrumento de la transformación social será ese ejército de trabajadores laico y pacífico, la Unión Obrera, donde hombres y mujeres participarán en un plano de absoluta igualdad, y que, mediante la persuasión, la presión social y el uso de las instituciones legales, irá transformando de raíz la sociedad. Esta Unión debe ser poderosa económicamente a fin de emprender, desde ahora, algunas reformas sociales urgentes. Cada obrero cotizará dos francos anuales y, como hay ocho millones de obreros en Francia, eso significa un capital de dieciséis millones con los que, de inmediato, se iniciará la apertura de escuelas para los hijos y las hijas de los proletarios, los que recibirán una educación gratuita e idéntica. La Unión, a la manera de los cartistas británicos, exigirá que la Asamblea Nacional admita en su seno a un Defensor del Pueblo —pagado por aquélla— para que luche desde allí por la aprobación de las medidas revolucionarias: el restablecimiento del divorcio, la abolición de la pena de muerte, y, la principal, el derecho al trabajo, mediante el cual el Estado se compromete a garantizar un empleo y un salario a todos los ciudadanos sin excepción. A la manera de las falanges o falansterios ideados por Charles Fourier, la Unión creará los Palacios Obreros, complejas unidades de servicios múltiples, donde los trabajadores y sus familias recibirán atención médica, educación, podrán retirarse a pasar una vejez segura y protegida, donde se prestará socorro, consejo e información a toda víctima, y donde quienes dedican largas horas del día a trabajar con sus manos podrán disfrutar de la cultura y educar su espíritu.

Que en nuestros días algunas de estas aspiraciones parezcan haberse logrado a través de la Seguridad Social, no debe desdibujarnos el carácter atrevido, casi quimérico, que ellas tenían a mediados del siglo XIX, como se comprueba en las críticas y reservas que los mismos obreros manifestaron frente a las ideas de Flora, pues les parecían poco realistas. Pero ella estaba convencida de que no había obstáculos que la voluntad, la energía y la acción no pudieran vencer, pues en su personalidad coexistían, en infrecuente alianza, una soñadora romántica, capaz de abandonarse a la fantasía más desconectada de la realidad, y una activista formidable, con una contagiosa capacidad de persuasión y una vehemencia que se llevaba de encuentro todas las dificultades. Desde que concibe su proyecto de la Unión Obrera, en 1843, hasta su muerte, poco menos de dos años más tarde, Flora Tristán es un verdadero volcán que crepita una actividad incesante y versátil: en vez de los artistas y escritores de antaño, su piso de la Rue du Bac se llena de obreros y dirigentes de mutuales y asociaciones de gremios, y sus salidas son a talleres y publicaciones proletarias y a celebrar reuniones interminables, a veces de encrespadas discusiones, contra quienes objetan sus ideas. No debió ser nada fácil, para una mujer, poco experimentada en ese quehacer y desconocedora del medio político, desenvolverse en esos ambientes proletarios desacostumbrados a que una fémina irrumpiera en actividades que hasta ahora habían sido sólo varoniles, y que lo hiciera con tanta fuga y reciedumbre. Pero advertir que entre los obreros también abundaban los prejuicios burgueses y las actitudes discriminatorias contra las mujeres (de los que participaban a veces las propias proletarias, alguna de las cuales la agredió creyendo que estaba allí para seducir a su marido) no la arredró ni entibió su prédica, ni ese aliento místico, de redentora, con que promovía su cruzada unionista.

Así inicia, en abril de 1844, su gira propagandística por el centro y el sur de Francia, que debía ser sólo la primera parte de un recorrido por las otras regiones del país y luego por toda Europa. Ese organismo debilitado por la enfermedad, y con una bala alojada en el pecho, que en el curso de las ciudades que recorre encuentra a su paso innumerables obstáculos —entre ellos la hostilidad de las autoridades, que registran su cuarto de hotel, confiscan sus pertenencias y prohíben sus reuniones—, sólo resistirá ocho meses, hasta el fallecimiento, en Burdeos, el 14 de noviembre de 1844. Pero en el curso del recorrido la personalidad de Flora Tristán se agiganta y, a medida que lleva su evangelio social, además de los obreros, a los prohombres del *establishment* —obispos, empresarios, directores de diarios— convencida de que la fuerza persuasiva de sus ideas ganará también a los propios explotadores para la justicia social, resulta cada día más conmovedora, hasta el trágico final, que interrumpe, a sus cuarenta y un años, una de las trayectorias vitales más ricas en colorido y más admirables en un empeño que, aunque lastrado por el mal del siglo —el sueño utópico—, constituye un antecedente muy valioso a la vez que un primer paso importante en la lucha por los derechos de la mujer y por una sociedad donde hayan sido erradicadas toda forma de discriminación, explotación e injusticia.

No hay mejor introducción a la vida y a la obra de esta mujer extraordinaria que *Flora Tristan. La Paria et son rêve*, la cuidadosa edición de su correspondencia que ha preparado Stéphane Michaud, profesor de literatura comparada en la Sorbona, presidente de la Sociedad de Estudios Románticos y del Diecinueve y autor, recientemente, de un libro notable sobre Lou Andreas-Salomé, que conjuga la erudición con la claridad expositiva y la amenidad. El profesor Michaud es probablemente el mejor conocedor de la vida y la obra de Flora Tristán, que rastrea desde hace años con obstinación de sabueso y ternura de enamorado. Sus estudios sobre ella y los coloquios que ha organizado en torno a su gesta intelectual y política han contribuido de manera decisiva a sacar a Flora Tristán del injusto olvido en que se hallaba, pese a esfuerzos aislados, como el admirable libro que escribió sobre ella, en 1925, Jules Puech.

Esta nueva edición de la correspondencia, muy ampliada y enriquecida de notas y explicaciones, además de todas las cartas conocidas hasta ahora de la agitadora y muchas inéditas, incluye también un buen número de cartas de sus corresponsales, y una información que sitúa a los personajes, describe el contexto social y político en que fueron escritas y traza los grandes lineamientos de la vida de Flora. El conjunto da una idea intensa y sugerente del tiempo en que ella vivió, de las ilusiones, polémicas y rencillas personales que acompañaron los primeros esfuerzos en Francia para organizar políticamente a los obreros, de la distancia que a menudo separaba la realidad social de las ambiciosas elucubraciones mesiánicas de los utopistas y de la psicología del personaje, que, tanto en sus cartas como en las apostillas y comentarios que escribía en los márgenes de las que recibía, se volcaba entera, sin el menor cálculo.

Hay todavía grandes lagunas en la biografía de la autora de *Peregrinaciones de una paria*, pero en lo relativo a su vida a partir de su regreso a Francia del Perú, y sobre todo a sus dos años finales, estas cartas trazan un absorbente diseño de su personalidad, que solía mostrarse en sus epístolas con una frescura y sinceridad desarmantes —no escribía para la posteridad, por fortuna—, con todas sus contradicciones y debilidades: realista y soñadora, generosa e irascible, ingenua y pugnaz, truculenta y romántica, temeraria e insensible al desaliento.

Este libro es el mejor homenaje que se podía rendir a Flora Tristán en el segundo centenario de su nacimiento.

Marbella, julio de 2002

Las huellas del salvaje

Paul Gauguin asumió su vocación de pintor a una edad tardía, los treinta y cinco años, y casi sin haber recibido una formación técnica, pues tanto su paso por la Academia Colarossi como las clases que le dio su amigo y maestro Camille Pissarro fueron breves y superficiales. Y es posible que con Pissarro hablaran más de anarquismo que de arte. Pero nada de eso le impidió llegar a ser el gran renovador de la pintura de su tiempo y dejar una marca indeleble en las vanguardias artísticas europeas. Así lo muestra, de manera inequívoca, la espléndida exposición «Gauguin y el viaje a lo exótico» que presenta el Museo Thyssen-Bornemisza, de Madrid.

Cuando lo dejó todo, para dedicarse a pintar, Paul Gauguin era un próspero burgués. Le había ido muy bien como agente de bolsa en la firma de Monsieur Bertin, vivía en un barrio elegante, sin privarse de nada, con su bella esposa danesa y sus cinco hijos. El futuro parecía ofrecerle sólo nuevos triunfos. ¿Qué lo llevó a cambiar de oficio, de ideas, de costumbres, de valores, de la noche a la mañana? La respuesta fácil es: la búsqueda del paraíso. En verdad, es más misterioso y complejo que eso. Siempre hubo en él una insatisfacción profunda, que no aplacó ni el éxito económico ni la felicidad conyugal, un disgusto permanente con lo que hacía y con el mundo del que vivía rodeado. Cuando se volcó en el quehacer artístico, como quien entra en un convento de clausura —despojándose de todo lo que tenía— pensó que había encontrado la salvación. Pero el anarquista irremediable que nunca dejó de ser se decepcionó muy pronto del canon estético imperante y de las modas, influencias, patrones, que decidían los éxitos y los fracasos de los artistas de su tiempo y se marginó también de ese medio, como había hecho antes del de los negocios.

Así fue gestándose en su cabeza la teoría que, de manera un tanto confusa pero vivida a fondo, sin vacilaciones y como una lenta inmolación, haría de él un extraordinario creador y un revolucionario en la cultura occidental. La civilización había matado la creatividad, embotándola, castrándola, embridándola, convirtiéndola en el juguete inofensivo y precioso de una minúscula casta. La fuerza creativa estaba reñida con la civilización, si ella existía aún había que ir a buscarla entre aquellos a los que el Occidente no había domesticado todavía: los salvajes. Así comenzó su búsqueda de sociedades primitivas, de paisajes incultos: Bretaña, Provenza, Panamá, la Martinica. Fue aquí, en el Caribe, donde por fin encontró rastros de lo que buscaba y pintó los primeros cuadros en los que Gauguin comienza a ser Gauguin.

Pero es en la Polinesia donde esa larga ascesis culmina y lo convierte por fin en el salvaje que se empeñaba en ser. Allí descubre que el paraíso no es de este mundo y que, si quería pintarlo, tenía que inventarlo. Es lo que hace y, por lo menos en su caso particular, su absurda teoría sí funcionó: sus cuadros se impregnan de una fuerza convulsiva, en ellos estallan todas las normas y principios que regulaban el arte europeo, éste se ensancha enormemente en sus telas, grabados, dibujos, esculturas, incorporando nuevos patrones estéticos, otras formas de belleza y de fealdad, la diversidad de creencias, tradiciones, costumbres, razas y religiones de que está hecho el mundo. La obra que realiza primero en Tahití y luego en las islas Marquesas es original, coherente y de una ambición desmedida. Pero es, también, un ejemplo que tiene un efecto estimulante y fecundo en todas las escuelas pictóricas de las primeras décadas del siglo xx.

Hay que felicitar a Paloma Alarcó, la comisaria de la exposición del Thyssen, y a todos sus colaboradores, por haber reunido ese conjunto de obras que, empezando con los expresionistas alemanes y terminando con surrealistas como Paul Klee y artistas no figurativos como Kandinsky y Robert Delaunay, muestran la enorme irradiación que tuvo la influencia de Gauguin casi inmediatamente después de su muerte, desde la primera exposición póstuma de sus cuadros que hizo en París, en 1903, Ambroise Vollard. El grupo de artistas que conformaron el movimiento alemán *Die Brücke* no sólo adopta su colorido, las desfiguraciones físicas, el trasfondo mítico del paisaje y los contenidos indígenas, sino, asimismo, sus ideales de vida: el retorno a la naturaleza, la fuga del medio urbano, el primitivismo, la sexualidad sin trabas. Por lo menos dos de los expresionistas alemanes, Max Pechstein y Emil Nolde, emprenden también el *viaje a lo exótico*, como lo haría en 1930 Henri Matisse, y, aunque no los imita, Ernst Ludwig Kirchner, sin salir de Europa, se compenetra de tal modo con la pintura de Gauguin que algunos de sus cuadros, sin perder su propio perfil, aparecen como verdaderas glosas o recreaciones de ciertas pinturas del autor de *Noa*. En Francia, la huella de Gauguin es flagrante en los colores flamígeros de los *fauves* y ella llega, muy pronto, incluso a la Europa Oriental y a la misma Rusia.

Tal vez el aporte más duradero de Gauguin a la cultura occidental, a la que él decía tanto despreciar y de la que se empeñó en huir, es haberla sacado de las casillas en que se había confinado, contribuido a universalizarla, abriendo sus puertas y ventanas hacia el resto del mundo, no sólo en busca de formas, objetos y paisajes pintorescos, sino para aprender y enriquecerse con el cotejo de otras culturas, otras creencias, otras maneras de entender y de vivir la vida. A partir de Gauguin, el arte occidental se iría abriendo más y más hacia el resto del planeta hasta abarcarlo todo, dejando en todas partes, por cierto, el impacto de su poderoso y fecundo patrimonio, y, al mismo tiempo, absorbiendo todo aquello que le faltaba y renunciando a lo que le sobraba para expresar de manera más intensa y variada la experiencia humana en su totalidad.

Es imposible gozar de la belleza que comunican las obras de Gauguin sin tener en cuenta la extraordinaria aventura vital que las hizo posibles, su desprendimiento, su inmersión en la vida vagabunda y misérrima, sus padecimientos y penurias físicas y psicológicas, y también, cómo no, sus excesos, brutalidades y hasta las fechorías que cometió, convencido como estaba de que un salvaje de verdad no podía someter su conducta a las reglas de la civilización sin perder su poderío, esa fuerza ígnea de la que, según él, han surgido todas las grandes creaciones artísticas.

Cuando fui a buscar las huellas que habían quedado de él en la Polinesia me sorprendió la antipatía que despertaba Gauguin tanto en Tahití como en Atuona. Nadie negaba su talento, ni que su pintura hubiera descubierto al resto del mundo las bellezas naturales de esas islas, pero muchas personas, los jóvenes sobre todo, le reprochaban haber abusado de las nativas pese a saber muy bien que la sífilis que padecía era contagiosa y haber actuado con sus amantes indígenas haciendo gala de un innoble machismo. Es posible que así sea; no sería el primero ni el último gran creador cuya vida personal fuera muy poco digna. Pero, a la hora de juzgarlo, y sin excusar sus desafueros con el argumento en que él sí creía —que un artista no puede ni debe someterse a la estrecha moral de los seres comunes y corrientes—, hay que considerar que en esta vida poco encomiable hubo también sufrimientos sin cuento, desde la pobreza y la miseria a que se sometió por voluntad propia, el desdén que su trabajo mereció del *establishment* cultural y de sus propios colegas, las enfermedades, como las terribles fiebres palúdicas que contrajo cuando trabajaba como peón en el primer Canal de Panamá y que no acabaron con su vida de milagro, así como sus últimos años en Atuona, su cuerpo destrozado por el avance de la sífilis y la semiceguera con la que pintó sus últimos cuadros. Hay que recordar, incluso, que si no hubiera muerto a tiempo, hubiera ido a parar a la cárcel por las intrigas y el odio que despertó entre los colonos de Atuona, sobre todo el del obispo Joseph Martin, junto al que —paradojas que tiene la vida— está enterrado, en el rústico cementerio de la islita que escogió para pasar la última etapa de su vida.

Madrid, noviembre de 2012

Nadja como ficción

El surrealismo, y André Breton en particular, tuvieron una pobre idea de la novela, género pedestre y burgués, demasiado subordinado al mundo real, a la sociedad, a la historia, a la racionalidad y al sentido común, para servir, como la poesía —género predilecto del movimiento—, de expresión a lo maravilloso-cotidiano, burlar de su mano el orden lógico y adentrarse con su ayuda en las comarcas misteriosas del sueño y la vida subconsciente. En el manifiesto surrealista se ridiculizaba la descripción —inseparable de la narrativa— como una pretensión imposible y un quehacer vulgar. Ningún surrealista digno de ese nombre hubiera escrito un texto que comenzara, como suelen comenzar inevitablemente las novelas, con frases tan banales como la abominada por Valéry: *«La marquise sortit à cinq heures».*[*]

Las novelas a las que Breton perdonaba la vida, e incluso elogiaba, eran esos libros hermafroditas, a caballo entre el relato y la poesía, entre la realidad real y un orden visionario y fantástico, como *Aurélia*, de Gérard de Nerval, *Le Paysan de Paris*, de Aragon o las novelas de Julien Gracq. Su simpatía por la novela gótica inglesa o los *Trópicos* de Henry Miller subraya-

---

[*] Sobre las relaciones entre el surrealismo y la novela me remito a la exhaustiva investigación de Jacqueline Chénieux-Gendron, *Le surréalisme et le roman (1922-1950)*, París, L'Âge d'Homme, 1983. *(N. del A.)*

ba siempre el sesgo excéntrico, inconscientemente rebelde o revoltoso de esas obras y su marginalidad respecto de la forma y contenido de lo habitualmente considerado como novelesco.

Sin embargo, el paso del tiempo ha ido alterando las estrictas nociones que separaban todavía los géneros literarios cuando el estallido surrealista de los años veinte, y hoy, pasado el centenario del nacimiento de Breton, se vería en aprietos quien tratara de edificar una frontera entre la poesía y la novela. Luego de que Roland Barthes proclamara la muerte del autor, Foucault descubriera que el hombre no existe y Derrida y los deconstruccionistas establecieran que tampoco la vida existe, por lo menos en lo que concierne a la literatura, pues ésta, una vertiginosa catarata de palabras, es una realidad autónoma y formal, donde unos textos remiten a otros y se imbrican, reemplazan, modifican y esclarecen u oscurecen unos a otros sin relacionarse con lo vivido por el bípedo de carne y hueso, ¿quién osaría mantener a distancia, como entidades soberanas, a la poesía y la novela según lo hacían André Breton y sus amigos?

Con todo el respeto del mundo hacia un poeta y un movimiento a los que descubrí de adolescente —gracias a un surrealista peruano, César Moro—, leí con fervor y a los que seguramente debo algo en mi formación de escritor (aunque a primera vista no lo parezca), quisiera decir que el paso del tiempo me da la impresión de haber deconstruido histórica y culturalmente al surrealismo en el sentido que más hubiera dolido a André Breton. Es decir, convirtiéndolo en un movimiento quintaesenciadamente literario, cuyas estridencias verbales, condenas éticas, espectáculos-provocación, juegos de palabras y de manos, defensa de la magia y la sinrazón, ejercicio del automatismo verbal y desprecio de lo «literario», aparecen ahora desdramatizados, domesticados, privados de toda beligerancia y sin el menor poder transformador de las costumbres, la moral o la historia, como pintorescos alardes de un grupo de artistas y poetas cuyo mérito mayor consistió en alborotar el cotarro intelectual, sacudiéndolo de su inercia académica, e introducir nuevas formas, nuevas técnicas y nuevos temas —un uso distinto de la palabra y la imagen— en las artes visuales y la literatura.

Las ideas de Breton nos parecen hoy más cerca de la poesía que de la filosofía y lo que admiramos en ellas, más que su intricada casuística y su verbosidad frondosa, es la actitud moral que las respaldaba, esa coherencia entre decir, escribir y hacer que Breton exigía en sus seguidores con la misma severidad y fanatismo con que él mismo la practicaba. Esa coherencia es, sin duda, admirable; no lo es, en cambio, la intransigencia que solía acompañarla hacia aquellos que no suscribían la cambiante ortodoxia del movimiento y eran excomulgados como sacrílegos o traidores o fulminados como fariseos.

Toda esa agitación y esas violencias, los dicterios y desplantes, han quedado atrás. ¿Qué es lo que queda? Para mí, además de un rico anecdotario, un apocalipsis en un vaso de agua, una hermosa utopía irrealizada e irrealizable —la de cambiar la vida y entronizar la plena libertad humana con el arma sutil de la Poesía—, bellos poemas —y, entre ellos, el primero la *Ode à Charles Fourier*—, una antología de humor negro, un ensayo arbitrario pero absorbente dedicado a *Le surréalisme et la peinture*, y, sobre todo, una delicada y originalísima novela de amor: *Nadja*.

Aunque las definiciones suelen confundir más que aclarar, definiré provisionalmente la novela como aquella rama de la ficción que intenta construir con la fantasía y las palabras una realidad ficticia, un mundo aparte, que, aunque inspirados en la realidad y el mundo reales, no los reflejan, más bien los suplantan y niegan. La originalidad de toda ficción consiste —aunque esto parezca una tautología— en ser ficticia, es decir, en no parecerse a la realidad en la que vivimos, en emanciparse de ella y mostrar aquella que no existe y que, por no existir, soñamos y deseamos.

Si eso es una ficción, *Nadja* es el mejor ejemplo para ilustrarla. La historia que cuenta no es de este mundo, aunque finja serlo, como ocurre siempre con las buenas novelas, cuyo poder de persuasión hace pasar siempre por verdad objetiva lo que es mera ilusión, y aunque el mundo que describe —sí, que *describe*, pero, en toda novela, descripción es sinónimo de invención— se parezca, debido a sus referencias tan precisas, al París de los años veinte, con el puñado de calles, plazas, estatuas, parques, bosques y cafés allí recreados para servir de escenario a la acción, e, incluso, ilustrados con bellas fotografías.

La anécdota no puede ser más simple. El narrador, quien refiere la historia como un protagonista implicado en ella, encuentra casualmente en la calle al personaje femenino, Nadja, una mujer extraña, soñadora, que parece habitar en un mundo privado, de miedo y ensueño, en el límite entre razón y sinrazón, que ejerce desde el primer momento una atracción subyugante sobre él. Se establece entre ambos una íntima relación que podríamos llamar sentimental, aunque tal vez no erótica ni sexual, fraguada a lo largo de encuentros provocados o casuales (al narrador le gustaría que los llamáramos mágicos), que, en los pocos meses que dura —de octubre a diciembre de 1926—, abre al narrador las puertas de un mundo misterioso e impredecible, de gran riqueza espiritual, no gobernado por leyes físicas ni esquemas racionales, sino por esas fuerzas oscuras, fascinantes e indefinibles a las que aludimos —a las que aquél alude con frecuencia— cuando hablamos de lo maravilloso, la magia o la poesía. La relación termina tan extrañamente como comenzó y lo último que sabemos de Nadja es que se encuentra en un asilo psiquiátrico, pues se la cree loca, algo que amarga y exaspera al narrador, quien abomina de la psiquiatría y los asilos y tiene a lo que la sociedad llama locura —por lo menos en el caso de Nadja— por una forma extrema de rebeldía, una manera heroica de ejercer la libertad.

Ésta es una historia profundamente romántica, desde luego, por su naturaleza poética, su extremado individualismo antisocial y su final trágico, y hasta se podría considerar la mención anecdótica de Victor Hugo y Juliette Drouet en las primeras páginas de la novela como un símbolo auspicioso, premonitorio, de lo que en ella va a suceder. Lo que distingue a ésta de esas historias tremendas de amores imposibles y parejas desgarradas por un implacable Destino que la sensibilidad romántica privilegiaba, no es la anécdota sino la elegante prosa coruscante de Breton, con su andar laberíntico y sus insólitas metáforas, pero, aún más todavía, la originalidad de su estructura, la audaz manera como organiza la cronología y los planos de realidad desde los cuales está narrada.

Por lo pronto, es importante señalar que el personaje principal de la historia —el héroe, según la terminología romántica— no es la Nadja del título, sino quien la evoca y la relata, esa presencia abrumadora que no se aparta un instante de los ojos y la mente del lector: el narrador. Visible o invisible, testigo o protagonista que narra desde dentro de lo narrado o Dios Padre todopoderoso a cuyos imperativos se va desenvolviendo la acción, el narrador es, siempre, el personaje más importante de todas las ficciones, y, en todos los casos, invención, ficción él mismo, aun en esos casos embusteros, como el de *Nadja*, en que el autor de la novela dice emboscarse bajo la piel del narrador. Esto no es nunca posible. Entre el autor y el narrador de una novela hay siempre el inconmensurable abismo que separa la realidad objetiva de la fantástica, la palabra de los hechos, al perecedero ser de carne y hueso de su simulacro verbal.

Lo sepa o no, lo haga deliberadamente o por simple intuición, el autor de una novela siempre inventa al narrador, aunque le ponga su propio nombre y le contagie episodios de su biografía. El que inventó Breton para contar la historia de *Nadja*, y al que hizo pasar por él mismo, es también de inequívoca filiación romántica, por su monumental egolatría, ese narcisismo que lo empuja todo el tiempo, mientras cuenta, a exhibirse en el centro de la acción, a refractarse en ella y refractarla en él, de manera que la historia de Nadja es, en verdad, la historia de Nadja pasada por el tamiz del narrador, reflejada en el espejo deformante de su exquisita personalidad. El narrador de *Nadja*, como el de *Les Misérables* o *Les trois mousquetaires*, al mismo tiempo que cuenta la historia, se cuenta. No es, pues, sorprendente que, desde esas primeras páginas, nos confiese su escasa simpatía por Flaubert, quien, recordemos, era enemigo de la subjetividad narrativa y exigía para la novela un semblante

84

de impersonalidad, es decir, simular ser una historia autosuficiente (en realidad, contada por narradores invisibles).

Nadja es lo opuesto: una historia casi invisible contada desde una subjetividad avasallante, visible hasta el impudor. En esa historia pasan muchas cosas, desde luego, pero lo verdaderamente importante que en ella ocurre no es lo que se puede resumir y cifrar de manera concreta —los comportamientos de la heroína, las raras coincidencias que acercan o alejan a la pareja, sus crípticas conversaciones de las que se refieren sólo extractos, o las referencias a lugares, libros, pinturas, escritores o pintores con que va enmarcando la peripecia el astuto narrador—, sino una realidad *otra*, distinta de la que sirve de escenario a los sucesos, que se va trasluciendo sutilmente, al sesgo, en ciertas alusiones del diálogo, en los dibujos de Nadja llenos de símbolos y alegorías de difícil interpretación, y en las bruscas premoniciones o intuiciones que todo ello provoca en el narrador, quien, de este modo, consigue hacernos compartir su certidumbre de que la verdadera vida, la genuina realidad, está escondida bajo aquella en la que conscientemente vivimos, oculta a nosotros por la rutina, la estupidez, el conformismo y todo lo que él subvalora o desprecia —la racionalidad, el orden social, las instituciones públicas— y al que sólo ciertos seres libres y excéntricos a lo que Rubén Darío llamaba «el vulgo municipal y espeso» pueden acceder. La fascinación que Nadja ejerce sobre él y que él nos transmite se debe, precisamente, a que ella parece, en nuestro mundo, una *visitante*, alguien que viene (y no ha salido de allí del todo) de otra realidad, desconocida e invisible, sólo presentida por seres de excepcional sensibilidad, como el narrador, y a la que sólo cabe describir por asociación o metáfora, acercándola a nociones como lo Maravilloso y la Quimera.

Esta realidad invisible, esta vida sin prosa, de pura poesía, ¿dónde está? ¿Cómo es? ¿Existe fuera de la mente o es pura fantasía? En la prosaica realidad que nos ha tocado a los mortales del común (la expresión es de Montaigne), y que el surrealismo quería desesperadamente trastocar con la varita mágica de la Poesía, Freud había descubierto la vida del inconsciente y descrito las alambicadas maneras en que los fantasmas en él refugiados influían en las conductas, dirimían o suscitaban los conflictos y se inmiscuían en la vida civil de las personas. El descubrimiento de esa otra dimensión de la vida humana influyó, como es sabido, de manera decisiva (pero no beata) en las teorías y prácticas del surrealismo y no hay duda de que, sin ese precedente, *Nadja* (donde hay una ambigua frase, de respeto y crítica del psicoanálisis) no hubiera sido escrita, no, por lo menos, de la manera que lo fue. Pero una lectura freudiana de la novela nos daría de ella una versión recortada y caricatural. Pues no son los traumas que pusieron a la heroína en esas orillas de la sinrazón en que se encuentra —según lo que sería una lectura de alienista de *Nadja*— lo que interesa de su historia, sino la exaltada reivindicación que de este territorio límite hace el narrador, quien ve en ese dominio una forma superior del vivir, una comarca existencial donde la vida humana es más plena y más libre.

Se trata, por supuesto, de una ficción. Una bella y seductora ficción que existe sólo —pero ese *sólo* debe entenderse como un universo de riquezas para la sensibilidad y la fantasía— dentro de la hechicera vida de los sueños y las ilusiones que son la realidad de la ficción, esa mentira que fraguamos y en la que creemos para soportar mejor la vida verdadera.

Borges solía decir: «Estoy podrido de literatura». En su boca no había en ello nada peyorativo. Pues lo que más amaba en la vida —y acaso se podría decir lo único que amaba y conocía a fondo— era la literatura. Pero Breton hubiera considerado un agravio que se dijera de *Nadja* lo que ahora nos parece una evidencia: «Un libro podrido de literatura». Literatura quería decir, para Breton, artificio, pose, gesto vacío de contenido, frívola vanidad, conformismo ante lo establecido. Pero lo cierto es que, aunque la literatura puede ser todo eso, también es, en casos sobresalientes como el suyo, audacia, novedad, rebeldía, exploración de los lugares más recónditos del espíritu, galope de la imaginación y enriquecimiento de la vida real con la fantasía y la escritura.

Ésta es la operación que lleva a cabo *Nadja* con el mundo real que finge relatar: transformarlo en otro, gracias a un baño de hermosa poesía. El París de sus páginas no es la bulliciosa e inconsciente ciudad europea, capital de las vanguardias artísticas, de las guerrillas literarias y las violencias políticas de la entreguerra. En el libro, debido a su hechicera retórica y su mobiliario efectista, a su estrategia narrativa de silencios y saltos temporales, de alusiones cifradas, de acertijos, de pistas falsas e intempestivos alardes poéticos, a esas anécdotas intercaladas —el espectáculo tremebundo de *Les Detraquées*, la deliciosa del hombre amnésico—, y a sus radiaciones hacia un contexto de libros y pinturas que van como aureolando la historia con un resplandor particular, París se ha convertido en una ciudad fantástica, donde lo maravilloso es una realidad poco menos que tangible, y donde todo parece plegarse dócilmente a esas secretas leyes mágicas que sólo las adivinadoras detectan y los poetas intuyen, y que el narrador va, como un cartógrafo, superponiendo a la ciudad real.

Al final de la historia, el Hôtel des Grands Hommes, la estatua de Étienne Dolet, las carbonerías, la Puerta de Saint Denis, los teatros del Boulevard, el mercado de las pulgas, las librerías, cafés, tiendas y parques convocados, se han transformado en hitos y monumentos de un mundo precioso y soterrado, eminentemente subjetivo, de misteriosas correlaciones y asonancias con la vida de las personas, un marco perfectamente propicio para que en su seno surja y ambule un personaje tan desasido de la vida corriente, tan ajeno al llamado sentido común, como Nadja, esa mujer que hechiza al narrador y al que ella, en un momento de la historia, ordena: *«Tu écriras un roman sur moi»*. («Tú escribirás una novela sobre mí»).

El hechizo fue tan grande que Breton obedeció y, al hacerlo, no se limitó a documentar sus encuentros con la Nadja que existió, la fugaz Nadja de carne y hueso. Para referir la historia de manera persuasiva utilizó más su fantasía que su memoria, inventó más que recordó, y para hacerlo, como hacen los buenos novelistas, se tomó todas las libertades con el tiempo, el espacio y las palabras, escribiéndola *«sans ordre preétabli, et selon le caprice de l'heure que laisse surnager ce qui surnage»* («sin orden preestablecido, y según el capricho de la hora que deja reflotar lo que reflota»).*

Londres, noviembre de 1996

---

* Esta y todas las citas están tomadas de la edición de *Nadja* revisada por su autor, de Éditions Gallimard, 1963. La traducción es mía. *(N. del A.)*

El último maldito

Curioso por el entusiasmo que despertó en Onetti, sobre el que escribo un ensayo, la primera novela de Céline, he vuelto a leer —¡después de casi medio siglo!— al último escritor «maldito» que produjo Francia. Como escribió panfletos antisemitas y fue simpatizante de Hitler, muchos se resisten a reconocer el talento de Louis-Ferdinand Céline (1894-1961). Pero lo tuvo, y escribió dos obras maestras, *Viaje al final de la noche* (1932) y *Muerte a crédito* (1936), que significaron una verdadera revolución en la narrativa de su tiempo. Luego de estas dos novelas su obra posterior se desmoronó y nunca más despegó de esa pequeñez y mediocridad en que viven, medio asfixiados y al borde de la apoplejía histérica, todos sus personajes.

En aquellas dos primeras novelas lo que destaca es la ferocidad de una postura —la del verboso narrador— que arremete contra todo y contra todos, cubriendo de vituperios y exabruptos a instituciones, personas, creencias, ideas, hasta esbozar una imagen de la sociedad y de la vida como un verdadero infierno de malvados, imbéciles, locos y oportunistas, en el que sólo triunfan los peores canallas y donde todo está corrompido o por corromper. El mundo de estas dos novelas, narradas ambas en primera persona por un Ferdinand que parece ser él mismo (en *Muerte a crédito* cuenta su niñez y adolescencia hasta que se en-

89

rola en el ejército y, en *Viaje al final de la noche*, su experiencia de soldado en la Primera Guerra Mundial, sus aventuras en el África y en Estados Unidos y su madurez de médico en los suburbios de París), sería intolerable por su pesimismo y negrura, si no fuera por la fuerza cautivadora de un lenguaje virulento, pirotécnico y sabroso que recrea maravillosamente el argot popular y finge con éxito la oralidad, y por el humor truculento e incandescente que, de tanto en tanto, transforma la narración en pequeños aquelarres apocalípticos. Estas dos novelas de Céline, más que para ser leídas, parecen escritas para ser oídas, para entrar por los oídos de un lector al que los dichos, exclamaciones, improperios y metáforas del titi parisién de los suburbios le sugieren todo el tiempo un gran espectáculo sonoro y visual a la par que literario. Qué oído fantástico tuvo Céline para detectar esa poesía secreta que escondía la jerga barriobajera enterrada bajo su soez vulgaridad y sacarla a la luz hecha literatura.

No hay un solo personaje entrañable en estas novelas, ni siquiera alguno que merezca solidaridad y compasión. Todos están marcados por el resentimiento, el egoísmo y alguna forma de estupidez y de vileza. Pero todos imantan al lector, que no puede apartar los ojos —los oídos— de sus disparatadas y sórdidas peripecias, sobre todo cuando hablan. El menos repelente de todos ellos es, sin duda, el astronauta e inventor de *Muerte a crédito*, Courtial des Pereires —una versión gansteril y diabólica del tierno Silvestre Paradox de Pío Baroja—, que luego de estafar a media Francia con sus delirantes invenciones y sus exhibiciones aerostáticas, termina descerrajándose un escopetazo en la boca que lo convierte en una masa gelatinosa que pringa las últimas cincuenta páginas de la novela y hasta a los lectores los ensucia de pestilentes detritus humanos. No creo haber leído jamás unas novelas que se sumerjan tanto y con semejante placer y regocijo en la mugre humana, en toda ella, desde las funciones orgánicas hasta los vericuetos más puercos de los bajos instintos.

Siempre se ha dicho que el Céline político sólo apareció después de escribir sus dos primeras novelas, cuando su antisemitismo lo llevó a excretar *Bagatelles pour un massacre* y otros repugnantes panfletos de un racismo homicida. Pero la verdad es que, aunque, en términos estrictamente anecdóticos, estas novelas no desarrollen temas políticos, ambas constituyen una penetrante radiografía del contexto social en que el nazismo y el fascismo echaron raíces en Europa en los primeros años del siglo XX. El mundo que Céline describió en sus novelas no es el de la burguesía próspera, ni el de la desfalleciente aristocracia, ni el de los sectores obreros de lo que, a partir de aquellos años, se llamaría el cinturón rojo de París. Es el de los pequeños burgueses pobres y empobrecidos de la periferia urbana, los artesanos a los que las nuevas industrias están dejando sin trabajo y empujando a convertirse en proletarios, los empleados y profesionales que han perdido sus puestos y clientes o viven en el pánico constante de perderlos, los jubilados a los que la inflación encoge sus pensiones y condena a la estrechez y al hambre. El sentimiento que prevalece en todos esos hogares modestos, donde los apuros económicos provocan una sordidez creciente, es la inseguridad. La sensación de que sus vidas avanzan hacia un abismo y que nada puede detener las fuerzas destructoras que los acosan. Y, como consecuencia, esa exasperación que posee a hombres y mujeres y los induce a buscar chivos expiatorios contra la condición precaria y miedosa en la que transcurre su existencia. Bajo las apariencias ordenadas de un mundo que guarda las formas, anidan toda clase de monstruos: maridos que se desquitan de sus fracasos golpeando a sus mujeres, empleados y policías coloniales que maltratan con brutalidad vertiginosa a los nativos, el odio al otro —sea forastero al barrio, o de distinta raza, lengua o religión—, el abuso de autoridad, y, en el ánimo de esos espíritus enfermos, en resumen, la secreta esperanza de que algo, alguien, venga por fin a poner orden y jerarquía a pistoletazos y carajos en este burdel degenerado en que se ha convertido la sociedad.

Todos estos personajes son nacionalistas y provincianos en el peor sentido de estas palabras: porque no ven ni quieren ver más allá de sus narices. Como el Ferdinand Bardamu de *Viaje al final de la noche* pueden recorrer el África negra y vivir en Estados Unidos, o, como el Ferdinand de *Muerte a crédito*, pasar cerca de dos años en Inglaterra. Inútil: no entenderán ni aprenderán nada sobre los otros porque, por prejuicio, desgana o desconfianza, son incapaces de abrirse a los demás y salir de sí mismos. Por eso, regresarán a su suburbio aldeano, a su campanario, como si nunca lo hubieran abandonado. No saben nada de lo que ocurre más allá de su entorno porque no quieren saberlo: como si romper las celdas en que se han encerrado por el miedo crónico en que viven fuera a hacerlos más vulnerables a esos misteriosos enemigos de que se sienten rodeados. Pocos escritores han descrito mejor que Céline ese espíritu tribal que es el peor lastre que arrastra una sociedad que intenta progresar y dejar atrás los prejuicios y hábitos reñidos con la modernidad. En Céline no hay la menor intención crítica frente a esta humanidad obtusa y estúpida que describió con intuición genial. Para él, el mundo es así, los seres humanos están hechos de ese apestoso barro y nada ni nadie los mejorará.

Céline pertenecía a este mundillo y nunca salió de él. Por sus simpatías hitlerianas, al final de la guerra huyó a Alemania tras los nazis que escapaban de París y, luego de un peregrinaje patético que narró en unas seudonovelas que no son ni sombra de las dos primeras que escribió, terminó en una cárcel danesa. Dinamarca se negó a extraditarlo argumentando que si lo entregaba a Francia no tendría un juicio imparcial y sería poco menos que linchado. (Estuvo a punto de ser asesinado durante la ocupación por un comando de la Resistencia en el que, por lo menos eso juraba él, participó el escritor Roger Vailland). En 1953, fue amnistiado y pudo regresar a París. Volvió a la *banlieue* donde acostumbraba jugar a la *pétanque* con amigos de su barrio. Jamás se arrepintió de nada. Poco antes de morir concedió una entrevista en la televisión a Roger Stéphane. Nunca he olvidado esa cara del viejo Céline con la barba crecida y sus ojos enloquecidos, clavados en el vacío, mientras, apretando su puñito esquelético, su vocecita cascada rugía, frenética, ante la cámara: «¡Cuando los amarillos entren a Bretaña, ustedes, franceses, reconocerán que Céline tenía razón!».

Lima, marzo de 2008

El héroe, el bufón y la historia

Cuando, en noviembre de 1996, el Gobierno francés decidió trasladar al Panteón los restos de André Malraux, una severísima reacción crítica contra su obra tuvo lugar en Estados Unidos y en Europa, como contrapunto a los homenajes montados en su honor por el presidente Jacques Chirac y sus partidarios. Una revisión que, en algunos casos, consistió en un linchamiento literario. Véase, como ejemplo, el feroz artículo en *The New York Review of Books* —barómetro de la corrección política intelectual en el mundo anglosajón— de una pluma tan respetable como la de Simon Leys. De creerles a él y a otros críticos, Malraux fue un escritor sobrevalorado, mediocre novelista y ensayista lenguaraz y jactancioso, de estilo declamatorio, cuyas delirantes afirmaciones histórico-filosóficas en sus ensayos estéticos representaban un fuego de artificio, el ilusionismo de un charlatán.

Discrepo de esa injusta y prejuiciada visión de la obra de Malraux. Es verdad, había en él cierta predisposición a la palabrería de lujo —vicio congénito a la tradición literaria francesa— y, a veces, en sus ensayos sobre el arte, incurrió en el efectismo retórico, la tramposa oscuridad (como muchos de sus colegas, por lo demás). Pero hay charlatanes y charlatanes. Malraux lo fue en la más alta acepción posible del lucimiento retórico, con una dosis tan potente de inteligencia y cultura que, a menudo, en su caso el vicio de la palabrería mudaba en virtud. Aun cuando no dijera nada la tumultuosa prosa que escribía, como ocurre en algunas páginas de *Las voces del silencio*, había tanta belleza en ese vacío enredado en palabras que resultaba subyugante. Pero si, como crítico, pecó a veces de retórico, como novelista fue un modelo de eficacia y precisión. Entre sus novelas, figura una de las más admirables del siglo: *La condición humana* (1933).

Desde que la leí, de corrido, en una sola noche, y, por un libro de Pierre de Boisdeffre, conocí algo de su autor, supe que la vida que hubiera querido tener era la de Malraux. Lo seguí pensando en los años sesenta, en Francia, cuando me tocó informar como periodista sobre los empeños, polémicas y discursos del ministro de Asuntos Culturales de la Quinta República, y lo pienso cada vez que leo sus testimonios autobiográficos o las biografías que, luego de la de Jean Lacouture, han aparecido en los últimos años con nuevos datos sobre su vida, tan fecunda y dramática como la de los grandes aventureros de sus novelas.

Soy también fetichista literario y de los escritores que admiro me encanta saberlo todo: lo que hicieron, lo que no hicieron, lo que les atribuyeron amigos y enemigos y lo que ellos mismos se inventaron, a fin de no defraudar a la posteridad. Estoy, pues, colmado, con la fantástica efusión pública de revelaciones, infidencias, delaciones y chismografías que en estos momentos robustecen la ya riquísima mitología de André Malraux, quien, como si no le hubiera bastado ser un sobresaliente escribidor, se las arregló, en sus setenta y cinco años de vida (1901-1976), para estar presente, a menudo en roles estelares, en los grandes acontecimientos de su siglo —la revolución china, las

luchas anticolonialistas del Asia, el movimiento antifascista europeo, la guerra de España, la resistencia
contra el nazismo, la descolonización y reforma de
Francia bajo De Gaulle— y dejar una marca en el
rostro de su tiempo.

Fue compañero de viaje de los comunistas y nacionalista ferviente; editor de pornografía clandestina; jugador de Bolsa, donde se hizo rico y se arruinó
(dilapidando todo el dinero de su mujer) en pocos
meses; saqueador de estatuas del templo de Banteaï-
Sreï, en Camboya, por lo que fue condenado a tres
años de cárcel (su precoz prestigio literario le ganó
una amnistía); conspirador anticolonialista en Saigón; animador de revistas de vanguardia y promotor
del expresionismo alemán, del cubismo y de todos los
experimentos plásticos y poéticos de los años veinte y
treinta; uno de los primeros analistas y teóricos del
cine; testigo implicado en las huelgas revolucionarias
de Cantón del año 1925; gestor y protagonista de
una expedición (en un monomotor de juguete) a Arabia, en busca de la capital de la reina de Saba; intelectual comprometido y figura descollante en todos los
congresos y organizaciones de artistas y escritores europeos antifascistas en los años treinta; organizador de
la escuadrilla España (que después se llamaría André
Malraux) en defensa de la República, durante la guerra civil española; héroe de la Resistencia francesa y
coronel de la brigada Alsacia Lorena; colaborador político y ministro en todos los gobiernos del general
De Gaulle, a quien, desde que lo conoció en agosto
de 1945 hasta su muerte, profesó una admiración
cuasi religiosa.

Esta vida es tan intensa y múltiple como contradictoria, y de ella se pueden extraer materiales para defender los gustos e ideologías más hostiles. Sobre lo que no cabe duda es que en ella se dio esa rarísima alianza entre pensamiento y acción, y en el grado más alto, pues quien participaba con tanto brío en las grandes hazañas y desgracias de su tiempo era un ser dotado de lucidez y vigor creativo fuera de lo común, lo que le permitía tomar una distancia inteligente con la experiencia vivida y transmutarla en reflexión crítica y vigorosas ficciones. Un puñado de escritores contemporáneos suyos estuvieron, también, como Malraux, metidos hasta el tuétano en la historia viviente: Orwell, Koestler, T. E. Lawrence. Los tres escribieron admirables ensayos sobre esa actualidad trágica que absorbieron en sus propias vidas hasta las heces; pero ninguno lo hizo, en la ficción, con el talento de Malraux. Todas sus novelas son excelentes, aunque a *La esperanza* le sobren páginas y a *Los conquistadores*, *La vía real* y *El tiempo del desprecio* les falten. *La condición humana* es una obra maestra, digna de ser citada junto a las que escribieron Joyce, Proust, Faulkner, Thomas Mann o Kafka, como una de las más fulgurantes creaciones de nuestra época. Lo digo con la tranquila seguridad de quien la ha leído por lo menos media docena de veces, sintiendo, cada vez, el mismo estremecimiento agónico del terrorista Chen antes de clavar el cuchillo en su víctima dormida y las lágrimas en los ojos por el gesto de grandeza de Katow, cuando cede su pastilla de cianuro a los dos jóvenes chinos condenados, como él, por los torturadores del Kuomintang, a ser quemados vivos. Todo es, en ese libro, inmejorable: la historia épica, sazonada de toques románticos; el contraste entre la aventura personal y el debate ideológico; las psicologías y culturas enfrentadas de los personajes y las payasadas del barón de Clappique, que pespuntan de extravagancia y absurdo —es decir, de imprevisibilidad y libertad— una vida que, de otro modo, podría parecer excesivamente lógica; pero, sobre todo, la eficacia de la prosa sincopada, reducida a un mínimo esencial, que obliga al lector a ejercitar su fantasía todo el tiempo para llenar los espacios apenas sugeridos en los diálogos y descripciones.

La condición humana está basada en una revolución real, que tuvo lugar en 1927, en Shanghai, del Partido Comunista chino y su aliado, el Kuomintang, contra los Señores de la Guerra, como se llamaba a los autócratas militares que gobernaban esa China descuartizada, en la que las potencias occidentales habían obtenido, por la fuerza o la corrupción, enclaves coloniales. Esta revolución fue dirigida por un enviado de Mao, Chou-En-Lai, en quien está inspirado, en parte, el personaje de Kyo. Pero, a diferencia de éste, Chou-En-Lai no murió, cuando, luego de derrotar al gobierno militar, el Kuomintang de Chiang Kai-chek se volvió contra sus aliados comunistas y, como describe la novela, los reprimió con salvajismo; consiguió huir y reunirse con Mao, a quien acompañaría en la Gran Marcha y secundaría como lugarteniente el resto de su vida.

Malraux no estuvo en Shanghai en la época de los sucesos que narra (que inventa); pero sí en Cantón, durante las huelgas insurreccionales del año 1925, y fue amigo y colaborador (nunca se ha establecido con certeza hasta qué punto) de Borodin, el enviado de la Komintern (en otras palabras, de Stalin) para tutelar el movimiento comunista en China. Esta experiencia le sirvió, sin duda, para impregnar esa sensación de cosa «vivida» a los memorables asaltos y combates callejeros de la novela. Desde el punto de vista ideológico, *La condición humana* es procomunista, sin la menor ambigüedad. Pero no estalinista, sino más bien trotskista, pues la historia condena explícitamente las órdenes venidas de Moscú, e impuestas a los comunistas chinos por los burócratas de la Komintern, de entregar las armas a Chiang Kai-chek, en vez de esconderlas para defenderse cuando sus aliados del Kuomintang dejaran de serlo. No olvidemos que estos episodios suceden en China mientras en la Unión Soviética seguía arreciando el gran debate entre estalinistas y trotskistas (aunque ya había empezado el exterminio de éstos) sobre la revolución permanente o el comunismo en un solo país.

Pero una lectura ideológica o sólo política de la novela soslayaría lo principal: el mundo que crea de pies a cabeza, un mundo que debe más a la imaginación y la fuerza convulsiva del relato que a los episodios históricos que le sirven de materia prima.

Más que una novela, el lector asiste a una tragedia clásica, incrustada en la vida moderna. Un grupo de hombres (y una sola mujer, May, que en el mundo esencialmente misógino de Malraux es apenas una silueta algo más insinuada que la de Valérie y las cortesanas que hacen de telón de fondo), venidos de diversos horizontes, se enfrentan a un enemigo superior, para —lo dice Kyo— «devolver la dignidad» a aquellos por quienes combaten: los miserables, los humillados, los explotados, los esclavos rurales e industriales. En esta lucha, a la vez que son derrotados y perecen, Kyo, Chen, Katow, alcanzan una valencia moral más elevada, una grandeza que expresa, en su más alta instancia, «la condición humana».

La vida no es así, y, desde luego, las revoluciones no están hechas de nobles y viles acciones distribuidas rectilíneamente entre los combatientes de ambos bandos. Este esquematismo político y ético, en cualquiera de las ficciones edificantes que produjo el realismo socialista, hubiera hecho que el libro se nos cayera de las manos. Que en *La condición humana* nos convenza de su verdad significa que Malraux era capaz, como todos los grandes creadores, de hacer pasar gato por liebre, enmascarando sus visiones con una apariencia irresistible de realidad.

En verdad, ni las revoluciones de carne y hueso son tan limpias, ni los revolucionarios lucen, en el mundo de grises y mezclas en que nos movemos los mortales, tan puros, coherentes, valientes y sacrificados como en las turbulentas páginas de la novela. ¿Por qué nos sugestionan tanto, entonces? ¿Por qué nos admiramos y sufrimos cuando Katow, encallecido aventurero, acepta una muerte atroz por su acción generosa, o cuando volamos hechos pedazos, con Chen, debajo del auto en el que no estaba Chiang Kai-chek? ¿Por qué, si esos personajes son mentiras? Porque ellos encarnan un ideal universal, la aspiración suprema de la perfección y el absoluto que anida en el corazón humano. Pero, todavía más, porque la destreza del narrador es tan consumada que logra persuadirnos de la verosimilitud íntima de esos ángeles laicos, de esos santos a los que ha bajado del cielo y convertido en mortales del común, héroes que parecen nada más y nada menos que cualquiera de nosotros.

La novela es de una soberbia concisión. Las escuetas descripciones muchas veces transpiran de los diálogos y reflexiones de los personajes, rápidas pinceladas que bastan para crear ese deprimente paisaje urbano: la populosa Shanghai hirviendo de alambradas, barrida por el humo de las fábricas y la lluvia,

donde el hambre, la promiscuidad y las peores cruel-
dades coexisten con la generosidad, la fraternidad y el
heroísmo. Breve, cortante, el estilo nunca dice nada
de más, siempre algo de menos. Cada episodio es
como la punta de un iceberg; pero emite tantas radiaciones de significado que la imaginación del lector
reconstruye sin dificultad, a partir de esa semilla, la
totalidad de la acción, el lugar en que ocurre, así
como los complejos anímicos y las motivaciones secretas de los protagonistas. Este método sintético
confiere notable densidad a la novela y potencia su
aliento épico. Las secuencias de acciones callejeras,
como la captura del puesto policial por Chen y los
suyos, al principio, y la caída de la trinchera donde se
han refugiado Katow y los comunistas, al final, pequeñas obras maestras de tensión, equilibrio, expecta-
tiva, mantienen en vilo al lector. En estos y algunos
otros episodios de *La condición humana* hay una vi-
sualidad cinematográfica parecida a la que lograba, en
esos mismos años, en sus mejores relatos, John Dos
Passos.

Un exceso de inteligencia suele ser mortífero en
una novela, pues conspira contra su poder de persuasión, que debe fingir la vida, la realidad, donde la inteligencia suele ser la excepción, no la regla. Pero, en
las novelas de Malraux, la inteligencia es una atmósfera, está por todas partes, en el narrador y en todos los
personajes —el sabio Gisors no es menos lúcido que
el policía König, y hasta el belga Hemmelrich, presentado como un ser fundamentalmente mediocre,
reflexiona sobre sus fracasos y frustraciones con una
claridad mental reluciente—. La inteligencia no obs-
truye la verosimilitud en *La condición humana* (en
cambio, irrealiza todas las novelas de Sartre) porque

en ella la inteligencia es un atributo universal de lo viviente. Ésta es una de las claves del «elemento añadido» de la novela, lo que le infunde soberanía, una vida propia distinta de la real.

El gran personaje del libro no es Kyo, como quisiera el narrador, quien se empeña en destacar la disciplina, espíritu de equipo, sumisión ante la dirigencia, de este perfecto militante. Es Chen, el anárquico, el individualista, a quien vemos pasar de militante a terrorista, un estadio, a su juicio, superior, porque gracias a él —matando y muriendo— se puede acelerar esa historia que para el revolucionario de partido está hecha de lentas movilizaciones colectivas, en las que el individuo cuenta poco o nada. En el personaje de Chen se esboza ya lo que con los años sería la ideología malrauxiana: la del héroe que, gracias a su lucidez, voluntad y temeridad, se impone a las «leyes» de la historia. Que fracase —los héroes de Malraux son siempre derrotados— es el precio que paga para que, más tarde, su causa triunfe.

Además de valientes, trágicos e inteligentes, los personajes de Malraux suelen ser cultos: sensibles a la belleza, conocedores del arte y la filosofía, apasionados por culturas exóticas. El emblema de ellos es, en *La condición humana*, el viejo Gisors; pero también es de semejante estirpe Clappique, quien, detrás de su fanfarronería exhibicionista, esconde un espíritu sutil, un paladar exquisito para los objetos estéticos. El barón de Clappique es una irrupción de fantasía, de absurdo, de libertad, de humor, en este mundo grave, lógico, lúgubre y violento de revolucionarios y contrarrevolucionarios. Está allí para aligerar, con una bocanada de irresponsabilidad y locura, ese enrarecido infierno de sufrimiento y crueldad. Pero, asimismo, para recordar que, en contra de lo que piensan Kyo, Chen y Katow, la vida no está conformada sólo de razón y valores colectivos; también, de sinrazón, instinto y pasiones individuales que contradicen a aquéllos y pueden destruirlos.

El ímpetu creativo de Malraux no se confinó en las novelas. Impregna también sus ensayos y libros autobiográficos, algunos de los cuales —como las *Antimemorias* o *Les chênes qu'on abat...* (Aquellos robles que derribamos...)— tienen tan arrolladora fuerza persuasiva —por la hechicería de la prosa, lo sugestivo de sus anécdotas y la rotundidad con que están trazadas las siluetas de los personajes— que no parecen testimonios sobre hechos y seres de la vida real, sino fantasías de un malabarista diestro en el arte de engatusar a sus semejantes. Yo me enfrenté al último de aquellos libros, que narra una conversación con De Gaulle, en Colombey-les-Deux-Églises, el 11 de diciembre de 1969, armado de hostilidad: se trataba de una hagiografía política, género que aborrezco, y en él aparecería, sin duda, mitificado y embellecido hasta el delirio, el nacionalismo, no menos obtuso en Francia que en cualquier otra parte. Sin embargo, pese a mi firme decisión premonitoria de detestar el libro de la primera a la última página, ese diálogo de dos estatuas que se hablan como sólo se habla en los grandes libros, con coherencia y fulgor que nunca desfallecen, terminó por desbaratar mis defensas y arrastrarme en su delirante egolatría y hacerme creer, mientras los leía, los disparates proféticos con que los dos geniales interlocutores se consolaban: que, sin De Gaulle, Europa se desharía, y Francia, en manos de la mediocridad de los politicastros que habían sucedido al general, iría también languideciendo. Me sedujo, no me convenció, y ahora trato de explicarlo asegurando que *Les chênes qu'on abat...* es un magnífico libro detestable.

No hay nada como un gran escritor para hacernos ver espejismos. Malraux lo era no sólo cuando escribía; también, cuando hablaba. Fue otra de sus originalidades, una en la que, creo, no tuvo antecesores ni émulos. La oratoria es un arte menor, superficial, de meros efectos sonoros y visuales, generalmente reñido con el pensamiento, de y para gentes gárrulas. Pero Malraux era un orador fuera de serie, capaz (como pueden comprobar ahora los lectores de lengua española en la traducción de sus *Oraciones fúnebres,* aparecida en Anaya & Mario Muchnik editores) de dotar un discurso de una ebullición de ideas frescas y estimulantes, y de arroparlas con imágenes de gran belleza retórica. Algunos de esos textos, como los que leyó, en el Panteón, ante las cenizas del héroe de la Resistencia francesa, Jean Moulin, y ante las de Le Corbusier, en el patio del Louvre, son hermosísimas piezas literarias, y quienes se las oímos decir, con su voz tonitronante, las debidas pausas dramáticas y la mirada visionaria, no olvidaremos nunca ese espectáculo (yo lo oía desde muy lejos, escondido en el rebaño periodístico; pero, igual, sudaba frío y me emocionaba hasta los huesos).

Eso fue también Malraux, a lo largo de toda su vida: un espectáculo. Que él mismo preparó, dirigió y encarnó, con sabiduría y sin descuidar el más mínimo detalle. Sabía que era inteligente y genial y a pesar de eso no se volvió idiota. Era también de un gran coraje y no temía a la muerte, y, por ello, pese a que ésta lo rondó muchas veces, pudo embarcarse en todas las temerarias empresas que jalonaron su existencia. Pero fue también, afortunadamente, algo histrión y narciso, un exhibicionista de alto vuelo (un barón de Clappique), y eso lo humanizaba, retrotrayéndolo de las alturas adonde lo subía esa inteligencia que deslumbró a Gide, al nivel nuestro, el de los simples mortales. La mayor parte de los escritores que admiro no hubieran resistido la prueba del Panteón; o, su presencia allí, en ese monumento a la eternidad oficial, hubiera parecido intolerable, un agravio a su memoria. ¿Cómo hubieran podido entrar al Panteón un Flaubert, un Baudelaire, un Rimbaud? Pero Malraux no desentona allí, ni se empobrecen su obra ni su imagen entre esos mármoles. Porque, entre las innumerables cosas que fue ese hombre-orquesta, fue también eso: un enamorado del oropel y la mundana comedia, de los arcos triunfales, las banderas, los himnos, esos símbolos inventados para vestir el vacío existencial y alimentar la vanidad humana.

Londres, marzo de 1999

Bataille o el rescate del mal

Georges Bataille fue, en vida, un escritor de minorías y es probable que lo sea siempre. Un relente de clandestinidad envuelve a su obra, diez años después de su muerte, pese a que cada día aumentan los lectores que descubren, en los libros de este bibliotecario de salud precaria que nunca llegó tarde a la oficina, el mensaje intelectual más sedicioso de una generación que contaba con figuras como Sartre, Camus y Merleau-Ponty. Pero dudo que este mensaje salga de la catacumba y se apodere, alguna vez, de la ciudad: es demasiado fúnebre, feroz e irreductible a fórmulas simples para ser popular. Resonará todavía, pero ante auditorios de marginales y de inconformes, igual que la voz de esos «malditos» que él tanto escuchó.

Lo primero que sorprende en la obra de Bataille es su diversidad: filosofía, sociología, religión, economía, arte, literatura. Su pensamiento, ardiente y glacial a la vez, ha dejado una herida en todas estas disciplinas, pero él se opuso siempre a que lo consideraran un pensador: «No soy un filósofo —dijo—, sino un santo, tal vez un loco». Su ecumenismo cultural estaba gobernado por una soberbia vocación de heterodoxia y ésta es la más atractiva carta de presentación de su obra, en un momento como el nuestro, de incredulidad, de naufragio de verdades establecidas: su iconoclasia. En los años que siguieron a la Segunda Guerra Mundial, un cierto optimismo —de cualquier signo: izquierda, derecha y andróginos— era de rigor: se exigían convicciones sólidas y constructivas, una visión nítida y coherente de la realidad, mucha lógica y sentido común. Eran indispensables, incluso, una pizca de sectarismo, de intransigencia dogmática y alguna estridencia verbal, en ese periodo turbio, cuando el estalinismo y el maccarthismo parecían las únicas opciones. Contribuyó al desconocimiento, casi se diría a la inexistencia de Bataille en esos años, el que incumpliera con alevosía los mandatos de la época: sus convicciones eran oscuras y vacilantes, tan cargadas de dudas como de certezas, su voz apenas audible y depresiva (publicaba, a menudo con seudónimo o sin firma, en editoriales pequeñas), y en su visión de la historia lo racional se mezclaba furiosamente con lo irracional. Incapaz de separar una afirmación de su contrapartida, la negación (y con una invencible predilección por esta última), Bataille vio siempre en el hombre una jaula de ángeles y demonios. Sólo estos últimos lo fascinaron, sólo estos últimos llamean en sus escritos.

Diversa, heterodoxa, la obra de Bataille es también sobria e imperfecta. Su economía expositiva, su mutismo, a veces desesperan; sus ideas más audaces están formuladas, por lo general, con una rapidez insolente. Fue la antípoda de un pensador de nuestra lengua: lo que en un Martí, en un Unamuno, en un Ortega habrían sido caudalosas efusiones retóricas, se condensa en Bataille en un párrafo fugaz, en una frase furtiva. Pero tampoco era «un francés»: ni la claridad ni el orden cartesianos definen su obra. Nunca le parecieron metas deseables. Al contrario: la incoherencia, el desorden, constituían, según él, no sólo actitudes indispensables para que el hombre adquiera la soberanía, se encuentre a sí mismo, trascienda la animalidad, sino, también, rasgos inevitables de la escritura que pretenda dar cuenta de ese lado «tumultuoso» del hombre. La indisciplina y la tiniebla de algunos de sus textos fueron *buscadas* por este díscolo que ambicionó la sombra con la misma tenacidad con que un Valéry codiciaba la luz. «El que habla confiesa su impotencia», sentenció en su ensayo sobre *El erotismo* (1957) y, años antes, en una conferencia, había declarado que prefería «ser poco inteligible antes que inexacto».

Había nacido en Billom (Puy-de-Dôme), en 1897, y la contradicción, clave de su pensamiento, aparece en su vida desde joven. Hijo de un médico de ideas radicales, recibió una instrucción laica, pero, a pesar de (más bien, gracias a) ello, tuvo una adolescencia religiosa, con crisis místicas, lecturas románticas y una salud ruinosa. Su primer escrito fue un artículo sobre la catedral de Reims; en ese tiempo, al parecer, leyendo *Là-Bas* de Huysmans, oyó hablar por primera vez de Gilles de Rais. Estudió filología románica en la École de Chartres, se graduó con la edición crítica de un relato medieval, publicó trabajos sobre numismática en revistas eruditas. Luego se vincula al surrealismo, con el que hizo un corto trecho, que terminó en ruptura violenta. Su materialismo, su alergia a cualquier ilusión idealista (lo que no lo salvará de incurrir en ciertos idealismos) le acarrearon las invectivas de Breton, quien en el *Segundo Manifiesto del Surrealismo* (1930) escribió: «El señor Bataille se precia de interesarse únicamente en lo más vil, lo más deprimente y lo más corrompido del mundo». La fórmula es tosca pero no está descentrada; descargándola de todo resabio moralizante, diseña un perfil de Bataille: su fascinación por lo prohibido y lo horrible. En todo hombre buscaba, veía, con ansiedad apenas contenida, bajo las ropas elegantes y las ideas generosas, al animal dañino, a la bestia camuflada: «Hay en cada hombre un animal encerrado en una prisión, como un esclavo —escribió en 1929, en la revista *Documenta*—; hay una puerta: si la abrimos, el animal se escapa como el esclavo que encuentra una salida; entonces el hombre muere provisoriamente y la bestia se conduce como una bestia, sin tratar de incitar la admiración poética del muerto». Vería lo mismo en las flores: «El interior de una rosa no corresponde en absoluto a su belleza exterior; si se arranca hasta el último pétalo de la corola, no queda más que una mota de aspecto sórdido». Tuvo siempre la obsesión de San Agustín («nacemos entre heces y orina») que alguna vez citó, pero el error de Breton fue haber tomado esto por una inclinación viciosa. Era sobre todo un síntoma de rebelión, una voluntad de tocar la dimensión más secreta de la vida, aquella que el hombre, por lo general, rechaza en sí mismo o hace trampas para no ver. Junto con esa orientación hacia «el mal», inseparable de ella, raíz de toda su obra, hay una pasión de desacato, o, en su vocabulario, de *transgresión*: «Pero antes que nada, lo repetiré en todos los tonos, el mundo sólo es habitable a condición de que nada sea respetado, porque el respeto es una de las formas de la emasculación colectiva, de la que es víctima idiota y grotesca la especie humana». Era joven cuando escribió semejante insolencia. Aunque no siempre expuesta con tanto ruido, esta convicción presidirá rigurosamente todo lo que escriba.

Hacia 1925 Bataille leyó, en una revista, el *Essai sur le don*, del sociólogo Marcel Mauss, que tendría una repercusión sísmica en su obra. El resultado inmediato fue un artículo, «La notion de dépense», en el que, a partir de la teoría de Mauss sobre la institución del *potlatch* y la «práctica de las prestaciones totales» en los pueblos primitivos, sostuvo que, contrariamente a lo que se creía axioma inmutable, el impulso primero y mayor de la vida humana no era producir sino consumir, gastar y no conservar, no construir sino destruir. Este texto es la primera piedra de su teoría del «intercambio generalizado», magistralmente expuesta en *La Part maudite* (1949), el más ambicioso de sus libros y el único en el que trató de sistematizar una interpretación del mundo. Resumo la tesis central. Hay un excedente de energía sobre el globo terrestre —insuficiente para absorber toda la vida solar que recibe— que debe ser sistemáticamente liquidado para asegurar la continuación de la vida. Ocurre no sólo en la naturaleza, el orden vegetal y el animal, sino también en el humano, aunque en éste la perpetua operación de aniquilamiento y derroche adopta formas más sinuosas que los apocalipsis geológicos o las carnicerías animales. La demarcación entre animalidad y humanidad está en las respuestas que ha dado el hombre, a lo largo de la historia, a esa obligación en que se halla, como todo lo existente, de quemar la energía sobrante. La prodigalidad, el erotismo, el lujo, los excesos, la muerte: su función profunda es contrarrestar el esfuerzo puramente productivo, sujetar el crecimiento de la vida dentro de las fronteras de lo posible. Todo, o casi, encuentra su fundamento en esta maldición destructiva que pesa sobre la vida: los sacrificios humanos, las guerras, las religiones, la reforma calvinista, hasta los donativos del Plan Marshall. El supuesto de Bataille es que toda «sociedad produce más de lo que necesita para su subsistencia» y dispone siempre, por lo tanto, de un excedente. El uso que haga de él «determina» a dicha sociedad: de ello dependen sus cambios de estructura, sus crisis, su historia. La forma más usual de inversión del excedente es el desarrollo, que puede tomar distintas direcciones. Todas topan siempre, en un momento dado, con un límite. Así, cuando el crecimiento demográfico de una civilización se ve amenazado, ésta se vuelve guerrera y expansionista, se proyecta hacia las conquistas. Es el caso del Islam. Una vez alcanzado el límite militar, el «sobrante de energía» de la sociedad puede verterse en los moldes suntuosos de la religión, las fiestas, los juegos y los espectáculos, el lujo personal (Bataille ilustra este caso con el imperio azteca). Si una sociedad no puede desarrollar de algún modo el sistema de energía que ella es (mediante guerras o inventando nuevas técnicas para aumentar la producción) está condenada a gastar «a pura pérdida» la totalidad del sobrante que irremediablemente genera. ¿Cómo puede *dilapidar* su excedente una sociedad? En el Tíbet, «sociedad desarmada», el sistema macrocefálico de monasterios y muchedumbres de monjes consumía toda la energía no estrictamente indispensable para la supervivencia nacional, sin beneficio alguno: conventos y lamas son económica y demográficamente estériles.

Sintetizando tanto, traiciono. Para sondear de veras la profundidad de Bataille hay que leer las páginas donde explica cómo ese «excedente» alcanza su nivel más humano en los periodos de equilibrio, cuando crece la vida suntuaria y disminuye la actividad belicosa, o aquellas donde, partiendo de la tesis de Weber sobre la contribución de la ética protestante al desarrollo capitalista, interpreta la revolución industrial según la teoría del excedente. La crítica protestante primero, y luego la revolucionaria, a toda forma de derroche o de lujo, hicieron que el exceso de energía, en vez de ser malgastado —como ocurría en la Edad Media— fuera conservado, reinvertido, multiplicado. La acumulación capitalista, sumada al descubrimiento de técnicas capaces de incrementar la producción, significó el brote de la sociedad industrial. Facilitó la acumulación capitalista, en el pasado, una revolución moral: el protestantismo. En el mundo moderno, el marxismo ha creado la moral necesaria para justificar nuevas prohibiciones de todo gasto improductivo. Bataille analiza el comunismo soviético y su política económica. Este movimiento antidilapidatorio, de almacenamiento de la energía para lograr el desarrollo, en un país de condiciones tales como las de la URSS, sólo podía ser puesto en práctica y mantenido bajo el rigor: «He aquí la paradoja de un proletariado reducido a imponerse, de manera intratable, a sí mismo, de renunciar a la vida para hacerla posible. Un burgués que ahorra renuncia al lujo más vano, pero sigue gozando de bienestar: la renuncia del obrero tuvo lugar, al contrario, en condiciones de suma penuria». La interpretación de Bataille del estalinismo es semejante a la que haría, años más tarde, Isaac Deutscher. Con una diferencia: Bataille es más pesimista. Para Deutscher ese periodo de acumulación socialista, con todos los imperiosos sacrificios que exigió, hubiera podido ser menos inhumano; en el análisis de Bataille (quien afirma: «No quiero justificar, sino comprender») el estalinismo no parece una desviación doctrinaria, una opción entre otras, sino un mecanismo autosuficiente y fatídico.

Brillante, osada, la teoría del excedente convence más en sus demostraciones que en su tesis central. Sistema eficaz para leer ciertos hechos históricos o determinados comportamientos individuales (los sacrificios humanos, el erotismo), inspira cierto desasosiego cuando quiere desvelar el secreto, ser la clave, de la existencia universal. Mi objeción afecta la base del edificio. No estoy seguro de que toda sociedad produzca siempre más de lo que necesita para subsistir. Tengo la impresión (sé que hay peligro de demagogia en lo que digo) de que este supuesto sólo podría haber nacido donde nació, en un mundo desarrollado, en una sociedad de alto consumo. Desde la perspectiva del Tercer Mundo, del subdesarrollo, es muy difícil aceptarlo, al menos en sus implicaciones estrictamente económicas. En países en los que, a veces, el ochenta por ciento de la población vive en condiciones infrahumanas y la esperanza de vida es mínima, parece más lógico ver en el derroche de energía —que, quién lo duda, prolifera— un uso extraviado de los recursos, imputable a sistemas políticos interesados, a causas históricas concretas, que una necesidad inmanente, un destino preestablecido de la especie humana de quemar energía sobrante. La respuesta de Bataille a objeciones de este género era: se trata de un fenómeno *general*, verificable sólo en una perspectiva totalizadora del espacio histórico, lo que significa que en alguna de sus instancias particulares (por ejemplo, América Latina, el Tercer Mundo) no se registra. Habría que sumar las sociedades; el conjunto delataría ese saldo que debe ser aniquilado por incapacidad de la propia vida para absorberlo. Más todavía. Si en este instante preciso, primavera del 72, una utópica estadística planetaria revelara que la producción es inferior a la capacidad de consumo de la humanidad para que ésta alcanzara un nivel mínimo de subsistencia, Bataille señalaría que el «movimiento vertiginoso» que él describe sólo puede medirse en el tiempo, igual que en

114

el espacio, de manera *total*. Es la suma de los distintos periodos la que contiene esa sobreproducción, lo cual quiere decir que, en algunos momentos en particular, las fuerzas productivas pueden ser insuficientes para satisfacer la capacidad mínima de consumo vital. Es otro de los aspectos discutibles de la tesis: elevada a tales dimensiones de universalidad, corre el riesgo de disolverse en una pura abstracción, de ser un luminoso y complicado artificio, no una llave para explorar realidades concretas. De otro lado, esa noción mínima de subsistencia, de la que depende el volumen del excedente, ¿cuál es, cómo fijarla? No hay forma de saberlo de manera estable, en términos precisos, porque la vida —sobre todo la humana— evoluciona de acuerdo a circunstancias y condiciones. El consumo indispensable para la supervivencia aumenta con la producción, con las necesidades que ésta va creando. Es una broma, pero no demasiado inverosímil, decir que mis nietos pueden llegar a vivir en un mundo en el que la petroquímica y la electrónica sean tan urgentes para la mera supervivencia como, en la Edad de Piedra, el fuego y el hacha. Estos y otros aspectos polémicos de su tesis habían sido considerados por Bataille, que presentó *La Part maudite*, en 1949, como primera parte de un estudio que otros volúmenes completarían. En realidad, la empresa no tuvo continuación. No es imposible que interrumpiera su proyecto, intuyendo el riesgo de delicuescencia en lo abstracto de su teoría de la «economía generalizada», por su excesivo mesianismo. Todas las doctrinas de explicación universal de la vida suelen deshacerse en el lirismo y en Bataille la hostilidad hacia la idealización de la existencia era tan grande como el hechizo que sentía por lo concreto y lo terrestre. En un manuscrito de 1929, a los surrealistas empeñados en la divinización de la mujer, les recordaba con brutalidad: «Ninguna de las mujeres que amamos, por puras y encantadoras que sean, se hubiera librado de que Sade cagara en su boca».

Nunca completó su teoría, pero el núcleo de ella —la idea de que la condición de la vida es «una loca exuberancia»: la muerte, el fasto, la desmesura— siguió animando su pensamiento y dio a éste cohesión y hondura. Su reflexión se concentró, con terquedad, en aquellas actividades que han hecho más evidente —porque la provocaban, sufrían o describían— la violencia humana: la religión, la literatura, el sexo. A menudo sus hallazgos fueron geniales. El genio consiste en tener un punto de vista propio, una atalaya inédita desde la cual se descubre, cualquiera que sea el paisaje que se divisa, el mismo espectáculo. Bataille tuvo ese mirador personal y desde él vio confirmadas, en las diversas comarcas que le permitió recorrer su amplia cultura —el arte rupestre, los datos de la etnología, textos místicos, sistemas filosóficos, pintores como Manet— un puñado de certidumbres. Ésas son sugestivas, inquietantes, a veces atroces, y no es fácil hablar de ellas sin desnaturalizarlas. Se hallan dispersas en libros, conferencias, artículos, cada uno de los cuales las expone fragmentariamente, las rectifica o matiza, e ilustra con un material diferente. Trazar un cuadro sinóptico de esa atomización efervescente, de esa riqueza protoplasmática, es como explicar el movimiento por la quietud, el ruido por el silencio. Uno de los méritos de Bataille es haber logrado un milagro de este tipo: el principio de la unidad de los contrarios es una de las líneas de fuerza de su pensamiento. Para él, el hombre era, precisamente, «el dominio en donde los contrarios se abisman y se conjugan».

La puerta de entrada a la antropología de Bataille es su noción de Mal. En su boca, este concepto está exento de gérmenes sobrenaturales, es «ateológico» (así bautizó su filosofía en uno de sus últimos textos: las *Conferencias sobre el no-saber*), exclusivamente humano. Quiere decir: todo lo que contraviene las leyes que se ha impuesto a sí misma la sociedad a fin de durar, de hacer posible la vida, de luchar contra la muerte. Estas leyes o suma de prohibiciones constituyen el mundo de la razón y del trabajo, de la convivencia, de la utilidad. La paradoja de la vida humana reside en que, para hacer posible la duración del ser, para que la vida no cese, la sociedad debe constreñir al hombre, cercarlo de una alambrada de tabúes, obligarlo a sofocar la parte no-racional de su personalidad, esa zona espontánea y negativa de su ser que, si fuera dejada en libertad, destruiría el orden, la vida común, instalaría la confusión y la muerte. Esta *parte maldita* de la condición humana, sin embargo, aunque reprimida y negada por la vida social (el Bien) está ahí, escondida pero viva, presionando desde la sombra, insinuándose, pugnando por manifestarse y existir. Sólo cuando esta dimensión «maldita» consigue expresarse, haciendo violencia contra el Bien (poniendo en peligro las leyes de la ciudad) conquista el hombre la soberanía: «Así —dice Bataille—, no podemos sorprendernos si la búsqueda de la soberanía está unida a la infracción de una o varias prohibiciones». «Esto quiere decir que la soberanía, en la medida en que la humanidad se esfuerza por lograrla, nos exige situarnos "por encima de la esencia" que la constituye. Esto quiere decir también que la comunicación profunda sólo puede hacerse con una condición: que recurramos al Mal, es decir, a la violación de la prohibición».

El mal, según Bataille, no niega sino completa la naturaleza humana, es el medio que le confiere la plenitud, la praxis mediante la cual puede el hombre recobrar esa parte de su ser que la razón, el Bien, la ciudad, *deben* amputar para defender la vida social. El Mal es posible gracias a la libertad: «¿Acaso la libertad no se basa en la rebelión, lo mismo que la insumisión?», decía en 1949. Y en *La literatura y el mal* (1957): «La libertad es siempre una apertura a la rebelión». Se ve lo fundamental que es el concepto de «rebelión» para Bataille. Es, de un lado, la praxis condicionada por la búsqueda de la soberanía. Como ésta se alcanza mediante infracciones a la ley, a la prohibición («La soberanía es el poder de elevarse, en la indiferencia ante la muerte, por encima de las leyes que aseguran el mantenimiento de la vida»), la rebeldía es la única postura que otorga al hombre su «totalidad», su máxima intensidad, su grandeza, en la medida en que sustituye su espíritu de conservación y apego a la vida por la tolerancia y búsqueda de la muerte. Por esta razón he llamado *fúnebre* el mensaje de Bataille. Para él, la muerte no sólo es aceptable; es el precio mismo de la integridad humana. Desgarrado entre razón y sinrazón, entre el deseo de durar y el de vivir «soberanamente», el hombre, paradoja miserable, «no debe dejarse encerrar en los límites de la razón», pero tampoco puede abolir esos límites so pena de extinguirse: «Primero debe aceptar esos límites, tiene que reconocer la necesidad del cálculo del interés; pero debe saber que existe en él una parte irreductible, una parte soberana que escapa a los límites, que escapa a esa necesidad que reconoce». Lo que define a la naturaleza humana es «el hecho de introducir en la vida, dañándola lo menos posible, la mayor cantidad posible de elementos que la contradigan».

Ésta es la explicación y justificación del erotismo para Batalle. El erotismo (lo define tétricamente como «la aprobación de la vida hasta en la muerte»), práctica sexual emancipada de la reproducción, quehacer esencialmente estéril, gratuito, lujoso, dilapidatorio, es uno de esos movimientos «tumultuosos», «excesivos», que se oponen a la razón, al Bien, a la actividad laboral, es decir, uno de esos dominios privilegiados del «Mal y lo diabólico», gracias al cual, el hombre, acercándose a la muerte, puede ejercitar su libertad, rebelarse y alcanzar la plenitud. La actividad erótica, en los análisis de Bataille, tiene poco que ver con el goce regocijado y animal, la fiesta del instinto que describen un Aretino o un Boccaccio. Se parece más a las pesadillas matemáticas de un Sade. El placer que el hombre extrae del «vicio» es, para él, macabro y mental: consiste en desafiar (causándola y rozándola) la muerte y el sentimiento de perpetrar una falta: «Si se desea apasionadamente la belleza cuya perfección rechaza la animalidad, es sólo por la mancha animal que la posesión introduce en ella. Se la desea para ensuciarla; no en sí misma, sino por el placer que se experimente ante la certidumbre de profanarla». Citando a Sade («No hay mejor manera de familiarizarse con la muerte que asociarla a una idea libertina»), afirma que la práctica del erotismo conduce hacia el crimen, que le es inseparable la atracción de la muerte.

Otra conducta «excesiva», que, violentando el cálculo del interés y las leyes de convivencia, permite al hombre elevarse hacia una forma de soberanía es la santidad. El místico, como el libertino, desafía la ley de la duración, viola los preceptos que permiten la vida colectiva, su quehacer es también estéril en términos «productivos» y su conducta antepone la muerte a la vida. Es la mutua indiferencia ante la muerte lo que emparenta, según Bataille, al santo y al voluptuoso, y no el sexo: es inesperado ver a este ateólogo materialista y satánico comentar en *El erotismo*, con mucha simpatía, un volumen de los Padres Carmelitas sobre *Mystique et Continence* y rechazar con desagrado la interpretación sexual de la vida mística intentada por algunos psicoanalistas.

Como para el Mal es indispensable la existencia del Bien, para el Diablo la de Dios, para el hombre que alcanza la soberanía en la subversión contra la regla, en la transgresión del tabú, es imprescindible que existan la regla y el tabú. Nada más lejos de este «maldito» que la defensa de una sociedad tolerante, sin barreras y prejuicios sexuales. Quienes, atraídos por el prestigio «negro» de Bataille, han creído que podían utilizarlo para combatir a la «sociedad represiva» están muy equivocados: «No soy de los que ven una salida en el olvido de ciertas prohibiciones sexuales. Pienso, incluso, que la posibilidad humana depende de esas prohibiciones: no podemos concebir esa posibilidad sin esas prohibiciones». Es obligatorio recordar que el marqués de Sade fue un enérgico adversario de la pena de muerte, que publicó un opúsculo combatiéndola, que votó contra ella durante el Terror. Vale la pena recordar también a Roger Vailland (un teórico y práctico del erotismo, más superficial que Bataille, pero que escribió algunas buenas novelas), explicando en *Le Regard froid*, la mediocridad de la mujer contemporánea para la vida voluptuosa por la excesiva libertad con que es educada. ¿A qué debían su aptitud para el libertinaje las muchachas del siglo XVIII? Vailland pensaba seriamente que a la estrictez de su educación en el convento. Hay una subterránea coherencia en esto que, a primera vista, parece contradictorio. Para que la rebelión sea auténtica y entrañe un riesgo, es preciso que haya contra qué rebelarse. La existencia de la prohibición, de la regla, del tabú, en el pensamiento individualista de Bataille garantiza la posibilidad de transgredir, es decir, la posibilidad de alcanzar la soberanía, la propia totalidad. Esta salida o forma de superación de la animalidad, de adquisición de la categoría más elevada de lo humano, es atributo de individuos o de minorías, por definición. Es para mí una de las conclusiones más desmoralizadoras de esta parte del pensamiento de Bataille. Ella excluye de hecho que una civilización, una sociedad, de *cualquier clase*, alcancen globalmente la plenitud, forjen una vida soberana para todos los seres que las componen, ella condena al sector mayoritario de toda comunidad a vivir siempre enajenado de una parte esencial de su ser. El cuerpo social obedecerá siempre a la regla que ha creado, no se rebelará, y, cuando lo haga, será sólo para entronizar nuevas reglas y prohibiciones, de modo que la *mayoría*, por antonomasia, será una humanidad disminuida y mediatizada, cualitativamente inferior respecto de esos escasos seres que osan asumir el Mal. Es la lúgubre convicción implícita en párrafos como éste: «La humanidad persigue dos fines, uno de los cuales, negativo, es conservar la vida (evitar la muerte) y el otro, positivo, es aumentar su intensidad. Estos dos fines no son contradictorios. Pero la intensidad jamás se ha aumentado sin peligro; la intensidad deseada por la mayoría (o el cuerpo social) está subordinada a la preocupación por mantener la vida y sus obras, que posee una primacía indiscutida. Pero cuando es buscada por las minorías o los individuos, puede ser buscada sin esperanza, más allá del deseo de perdurar». Elitista, minoritaria, aristocrática: es una acusación que ha recaído con frecuencia sobre la teoría de Bataille. Pero, a fin de cuentas, él no postula «un programa de acción» sino una lectura de algo que ve escrito en la realidad. Además, no es tan sencillo establecer una jerarquía entre esas dos formas de conducta. Alcanzar la plenitud humana asumiendo cuanto antes la muerte o vivir en una cierta segregación del ser para, a la larga, morir de todos modos: son las opciones entre las que se debate el hombre en esta filosofía trágica que justifica la muerte en nombre de la vida y el Mal en nombre del Bien.

Las nociones de rebelión, de soberanía, de irracionalidad y del Mal se mezclan en la concepción de la literatura de Bataille. Es el territorio donde me siento más cerca de él, en el que lo respeto más. La idea que me parece constituir la raíz de esta concepción es la siguiente: la literatura puede expresar *toda* la experiencia humana, pero, fundamentalmente, expresa «la parte maldita» de esa experiencia, es el vehículo más eficaz y certero, el menos tramposo, que tiene ese lado combatido y deformado por la sociedad, para ser dicho y entendido. La literatura existe porque el hombre es infeliz y se siente cercenado y porque hay en él un íntimo rechazo de esta condición. Este íntimo rechazo de la coacción que instaura la vida social es lo que Bataille llama la ambición de la soberanía, el llamado del Mal: «La enseñanza de *Wuthering Heights*, la de tragedia griega —y en realidad la de cualquier religión—, es que existe un arrebato de divina embriaguez que el mundo de los cálculos no puede soportar. Este impulso es contrario al Bien». Es este impulso el que encuentra expresión en toda literatura auténtica. Así, el corazón de la creación literaria es un acto de rebeldía, un afán de recuperación de la cara oculta de la vida: el Mal (lo irracional, lo instintivo, lo gratuito, lo lujoso, lo mortal). Sólo la literatura es capaz de «poner al desnudo el mecanismo de la transgresión de la ley (sin transgresión, la ley no tendría finalidad), independientemente de un orden que haya que crear». La literatura goza de este privilegio porque se trata de una actividad individual y por la influencia decisiva que tiene en la creación lo irracional (en ella, las obsesiones son más importantes que las convicciones): es un quehacer espontáneo, no enteramente gobernable por el cálculo del interés, una actividad egoísta, es decir, desinteresada (indiferente) en términos sociales. No tiene nada que perder (ella expresa la cólera o el dolor ante lo que el hombre *ha perdido*); por eso está en condiciones de decirlo *todo*, y, principalmente, aquello que a la sociedad —el reino de la razón, de la duración, del Bien— no le conviene que se diga. Para cualquier sociedad, por eso, toda literatura auténtica significa siempre una amenaza: «La literatura representa incluso, lo mismo que la transgresión de la ley moral, un peligro. Al ser inorgánica, es irresponsable. Nada pesa sobre ella. Puede decirlo todo».

Se comprende, a la luz de estas ideas, lo difícil que será el ejercicio de una actividad fundada en la insumisión, en lo irracional y en lo individual, en una sociedad construida básicamente sobre lo racional y lo colectivo como la socialista. Creo que nadie ha explicado mejor que Bataille (en su ensayo sobre Kafka) la tirantez que ha caracterizado hasta ahora las relaciones entre el poder socialista y la literatura: «Aparentemente la actividad eficaz, elevada al rigor de un sistema basado en la razón, que es el comunismo, es la solución para todos los problemas, pero en cambio no puede ni condenar por completo, ni tolerar en la práctica, la actitud propiamente autónoma, soberana, en la que el momento presente se desliga de todos los que vendrán después. Esta dificultad es grande para un partido que sólo respeta la razón, que no percibe en los valores irracionales —gracias a los que nacen la vida como lujo, lo inútil y lo infantil— más que el interés particular que en ellos se esconde. La única actitud soberana admitida en el marco del comunismo es la del niño, pero ésta es su forma menor. Se admite que los niños no pueden elevarse a la seriedad del adulto. Pero el adulto que concede un sentido primordial a lo infantil, que ejerce la literatura con el sentimiento de tocar el valor supremo, no tiene sitio en la sociedad comunista».

Hay, sin duda, una fuerte dosis de romanticismo en la idea que se hacía Bataille de la literatura. Se hace sobre todo evidente —pues la tendencia se acentúa— cuando habla de la poesía. Bataille hubiera aceptado sin vacilar la fórmula platónica: el poeta no sabe lo que dice. Para él, el poeta era la negación de la razón, de la responsabilidad, en otras palabras, el Mal (o la inocencia) en estado puro. Por eso mismo, nada tan ajeno a Bataille como la idea de una poesía «comprometida» socialmente, o de una militancia política «constructiva» por parte del poeta. Todo lo contrario: para él, el poeta es el adversario, la contradicción del poder. Lo da a entender claramente, hablando de Blake: «Una conformidad general de la vida de un poeta con la razón iría en contra de la autenticidad de la poesía. Por lo menos le quitaría a la obra un carácter irreductible, una violencia soberana, sin los cuales la poesía está mutilada. El auténtico poeta está en el mundo como un niño; puede, lo mismo que Blake o que un niño, gozar de un innegable buen sentido, pero el gobierno de los asuntos no podría confiársele».

Las ideas de Bataille sobre literatura —expuestas, principalmente, en *La literatura y el mal* (1957), compilación de ensayos, todos excelentes, sobre una serie de escritores malditos (Sade, Baudelaire, Blake, Genet) y otros a los que dio una lectura maldita (Emily Brontë, Michelet, Kafka)— me parecen muy lúcidas y las comparto casi enteramente. Pienso que son supuestos indispensables para cualquier aproximación al fenómeno literario admitir que un sentimiento de rebelión anida en toda vocación literaria e impregna toda literatura auténtica, que la influencia de lo irracional es decisiva en la creación y que la literatura es medio de comunicación, sobre todo, de experiencias negativas, o, como diría Bataille, «malditas». Mi única discrepancia está en que esta última seguridad tenía para Bataille un carácter excesivamente restrictivo y entrañaba una especie de modestia. Es verdad que la literatura expresa principalmente el Mal, pero Bataille, aunque no en teoría, en la práctica parecía convencido de que *sólo* debía expresar el Mal. Creo que junto con una vocación maldita hay en toda literatura auténtica, tan poderosa como aquélla, una ambición desmesurada, una aspiración deicida a rehacer críticamente la realidad, a contradecir la creación en su integridad, a enfrentar a la vida una imagen verbal que la exprese y niegue *totalmente*. Esta representación está casi siempre levantada a partir de esa masa de experiencias que Bataille denomina el Mal (las obsesiones, las frustraciones, el dolor, el vicio), pero es más grande y más profunda en la medida en que consigue acercarse más, a partir de esa negatividad que la sostiene, a la totalidad humana, y da una visión más completa de la vida, tanto individual como social (tanto del Bien como del Mal).

Eso que limita la concepción de la literatura de Bataille aparece, de manera flagrante, en las ficciones que escribió. En ellas, el afán de transgredir y de destruir es más fuerte que el de crear y el de construir (y en la novela la rebeldía consiste en destruir construyendo, en negar afirmando, en atrapar dentro de una estructura racional a lo irracional) y su visión del árbol es tan hipnótica y excluyente que a menudo desaparece el bosque. El resultado es siempre (aun en la más hecha de sus novelas: *Le Bleu du ciel*) un mundo en el que el hombre está tan recortado como, en la vida social, el hombre-masa —sólo que de la otra cara de su ser— y en el que la representación de la vida, aunque inquietante, es mínima y hasta algo falaz. Estoy tratando de decir con esto que Bataille fue un novelista interesante pero no importante. Practicó como creador, con una consecuencia escrupulosa, lo que, como crítico, vio siempre en la literatura: una expresión de la «parte maldita» de lo humano. No deploro que hiciera esto, sino que hiciera *únicamente* esto, porque su testimonio de la vida, aunque original y valeroso, al dar cuenta en sus relatos exclusivamente de lo prohibido y de lo atroz, es también fragmentario y aun paródico. El hombre es sinrazón, abyección latente, instinto de muerte, desdicha y soledad, pero, al mismo tiempo, es razón y sentimiento, goce y generosidad, impulso solidario e instinto de vida.

Escribió sus primeras novelas cuando estaba todavía algo ligado al surrealismo, el que, recordemos, despreció olímpicamente el género novelesco (hasta en eso asoma el espíritu rebelde de Bataille). Todas ellas producen, de entrada, un desconcierto «formal», por su miseria estilística, la rudeza de su construcción, su aspecto de ficciones salvajes, de narrativa en estado bruto. Había en ello, naturalmente, premeditación: ninguna complacencia «literaria» debía aguar la materia infernal de esos textos en los que Bataille vuelca, con la mayor pureza y objetividad, su subjetividad: sus obsesiones, su locura. Lo onírico, lo erótico, lo absurdo monopolizan las historias que suceden, siempre, en ámbitos irracionales, enrarecidos de aire malsano, y en ellas abundan los motivos y la utilería de la literatura negra, en particular la novela gótica inglesa. Breves, angustiosas, narradas todas en primera persona por un narrador desesperado y narcisista, y de un intelectualismo que no consiguen enmascarar el empeñoso empobrecimiento retórico, el querido rudimentarismo de la estructura, mi impresión es que, para estas ficciones, la luz del día, el tácito consentimiento de la ciudad, resultan dañinos: deben ser leídas (gustadas) en la clandestinidad, en el pecaminoso desván o en los infiernos de las bibliotecas. Cuando Bataille publicó *Histoire de l'oeil* (con el seudónimo de Lord Auch), era un respetable funcionario de la Biblioteca Nacional: escribir esos horrores (o leerlos) entrañaba un riesgo tal de desprestigio que eso, de por sí, prestigiaba la empresa. Los tiempos han cambiado y en esta época (hablo, claro está, de los países sin censura), a medida que va adquiriendo carta de ciudadanía, lo terrible va dejando de serlo, los gestos espantosos a medida que todos los repiten se convierten en una mímica frívola. Presiento que las novelas de Bataille son, del rico árbol que es su obra, la rama que se marchitará primero.

127

En sus relatos, la demencia sexual suele ser tan importante como el frenesí blasfematorio y el furor homicida. Pero, en el primero, *Histoire de l'oeil* (es el que prefiero), este exceso está como aliviado por la frescura juvenil, el dinamismo un poco risueño (es el único texto en toda la obra de Bataille que consiente este adjetivo) de los protagonistas, en cuya ferocidad viciosa se transparenta una voluntad de goce, de amor a la vida, que en cierto modo los redime y humaniza. En ese relato, además, hay una dimensión simbólica, que resulta hechicera: uno adivina, a ratos, como una construcción emblemática, un laberinto cifrado que se va armando en torno a ciertos objetos (el ojo, el huevo), que mantienen misteriosas correspondencias y que ejercen una extraña tiranía sobre la vida de los protagonistas, pero cuyas claves no acaban jamás de revelarse. En los otros, el clima y el tono son siempre lúgubres, de una desoladora tristeza y, a veces (estoy pensando en *L'Abbé C*), de una monotonía tenaz. En todo caso, es preciso tener en cuenta una situación curiosa. Para Bataille, aunque había abandonado el catolicismo desde joven, la religión, el misticismo, lo sagrado, fueron siempre realidades vividas y operantes, no objetos de estudio; él siempre se negó a hablar de las cosas desde afuera, como un especialista (he ahí su objeción principal contra los sexólogos como Kinsley) y ser un no creyente es una deficiencia considerable para medir, en sus términos justos, la agresividad y la anomalía de sus ficciones. Sus blasfemias, enormes, sólo pueden ser cabalmente apreciadas por el creyente; para quien no lo es resultan, a veces, disfuerzos, truculencias. La imagen del Ser Supremo convertido en una prostituta desalada y vulgar, que se contorsiona a la luz de la luna sobre los adoquines de la Porte Saint-Denis, de *Madame Edwarda*, o la misa sacrílega y criminal que clausura *Histoire de l'oeil* (en Sevilla, nada menos), sólo pueden ser calibradas, en todo su poder revulsivo, por aquel a quien escandalizan u ofenden en su fe: al incrédulo lo dejan frío y con un gusto de cosa pasada de moda entre los labios. Cuando Bataille describe la relación apasionada y destructiva entre una madre y el hijo al que corrompe (*Ma mère*) y las complicadas combinaciones en que se traduce el insaciable apetito de depravación que ambos comparten, es difícil no sentirse, ante esa compacta condensación de sucio horror, conmovido. Pero aun en esos casos, los relatos de Bataille incurren en cierto vicio característico de toda literatura maldita: la reiteración maniática. Creo que era consciente de ello; en una nota de presentación a *Le Bleu du ciel* —indicando que publicaba el libro por presión de sus amigos— escribió que no pretendía insinuar «que un sobresalto de rabia o que la prueba del sufrimiento bastaran por sí solos para asegurar a los relatos su poder de revelación». Es exacto: en sus relatos uno puede palpar el furor y el sufrimiento de quien los ha escrito, y eso les otorga valor documental, riqueza psicológica indudable. Pero la verdad desnuda, la honestidad, no bastan a la literatura. En ella, desnudez y honestidad sólo pueden hacerse manifiestas a través del disfraz (la elaboración verbal) y la trampa (un orden de composición, una estructura). Puede fomentar un malentendido a este respecto el que, luego de la muerte de Bataille, haya habido una tentativa de apropiación de su obra por parte de la vanguardia literaria francesa: se lo presenta como el fundador del experimento textual, como el padre del formalismo novísimo. En realidad, fue la negación más acérrima de todo lo que pueda significar «experimento lingüístico», «búsqueda formal». Como creador quiso ser, a toda costa, espontáneo y primitivo (sus textos deben mucho a la escritura automática y a la propensión onírica del surrealismo de su juventud) y con esto no estoy tratando, tampoco, de recuperar las ficciones de Bataille para la tradición: sólo señalando la que me parece razón de su pobreza.

En realidad, el mejor Bataille está en los ensayos. Ninguno más adecuado para ver en acción la agudeza luciferina de su inteligencia y lo creativas que podían ser sus teorías cuando se encarnaban en un tema concreto, que su acercamiento a Gilles de Rais. Se trata de uno de los encuentros más afortunados de la literatura moderna, es como si ambos hubieran nacido para, en algún momento, coincidir. En el apocalíptico personaje de la Edad Media, Bataille encontró, hechas carne y hueso y vividas en su límite más extremo, algunas de sus tesis. He aquí un caso extraordinario en el que los pobladores de la jaula humana, los ángeles y los demonios, pueden ser observados, tocados para medir en toda su ambivalencia lo que es el hombre. Gilles de Rais fue un monstruo absoluto sólo en la leyenda; en la realidad fue, también, un temerario Mariscal que luchó por Francia junto a Juana de Arco, un sensitivo que amaba el canto gregoriano hasta las lágrimas, un católico que, aun en sus momentos de bestialidad más sanguinaria, conservó la fe, y en quien el arrepentimiento por sus crímenes, antes de morir, no sólo fue espectacular sino, seguramente, sincero. Y he aquí lo que ocurre cuando un hombre tiene poder suficiente para transgredir las prohibiciones de la ciudad, para violentar las puertas del reino de la razón y dejar escapar al animal que lo habita: filas de niños secuestrados, sodomizados y degollados; orgías que dan vértigo; grotescas ceremonias de medianoche, en los claros del bosque, convocando al demonio. El análisis de Bataille no es moralizador sino didáctico, de una escrupulosa limpieza; nadie podría acusarlo de manipular la historia de Gilles de Rais para que ilustrara mejor sus creencias. Ante todo, muestra con prolijidad el contexto histórico sin el cual los crímenes del Mariscal serían incomprensibles («Los crímenes de Gilles de Rais son los del mundo en el que los cometió»). Aquél vivió en una sociedad donde la nobleza confería una superioridad semidivina, un derecho casi ilimitado para la materialización de los deseos. Y las formas de vida de los tiempos —guerras, torneos— estimulaban, justamente, los deseos de sangre y de crimen. Cuando Gilles de Rais combatía junto a Juana de Arco pudo cometer más atrocidades que después, para su placer individual, y ser celebrado y premiado por ello. La guerra debió fijar esa costumbre de matar, coaligarla a otra anterior, la pederastia, y un gran noble bretón del siglo xv tenía los medios para hacer realidad sus fantasías. Uno de los datos más escalofriantes del estudio de Bataille es saber que lo único que perdió a Gilles de Rais fue haber llegado a la bancarrota; otros crímenes, acaso peores que los suyos, de quienes conservaron su dinero hasta el final de sus días, ni siquiera pudieron ser conocidos. Pero el ensayo de Bataille muestra también los límites de una interpretación exclusivamente social. El contexto histórico es indispensable para explicar el caso Gilles de Rais, pero asimismo insuficiente. De todos los nobles que guerrearon, que tuvieron poder y riqueza, sólo uno siguió la escabrosa trayectoria del señor de Machecoul. Hay una comarca en ese ser que la realidad de su tiempo no consigue iluminar, porque no era producto de la praxis histórica ni reflejo del sistema dominante, que pertenecía a la noche humana, ese reducto permanente, común a la especie, a la que ésta debe su terrible singularidad. El deseo de alcanzar la plenitud, la soberanía, la total libertad, congénito al hombre, sólo puede ser plenamente aplacado al precio de hecatombes que desaparecerían la vida. ¿Cómo, entonces, lograr el lícito designio de perpetuar la existencia y al mismo tiempo enriquecerla, «intensificarla»? La respuesta de Bataille parece ser: mediante un precario, polémico equilibrio entre el todo social y el individuo, en el que aquél controle pero no mate el espíritu de rebelión y la voluntad de ruptura —de dilapidación, de lujo—, porque eso significaría devolver al hombre a la animalidad, y en el que este espíritu pueda vivir manifestándose, luchando en pos de la soberanía, sin obtenerla nunca totalmente, porque alcanzarla traería el holocausto de la vida. Ésa es la implacable advertencia contenida en la obra de Bataille: en cada uno de nosotros, amordazado y sujeto por las convenciones de la comunidad que nos rodea, acecha jadeante el paso de los niños de rizos dorados, el puñal en el aire, la mano en la bragueta, un secreto Gilles de Rais.

Barcelona, abril de 1972

El mandarín

Entre los escritores de mi tiempo, dos son los que preferí sobre todos los otros y a los que mi juventud debe más. Uno de ellos —Faulkner— estaba bien elegido; es el autor que cualquier aspirante a novelista debería conocer, pues su obra es probablemente la única suma novelesca contemporánea comparable, en número y calidad, a la de los grandes clásicos. El otro —Sartre— lo estaba menos: es improbable que su obra creativa vaya a durar y, aunque tuvo una inteligencia prodigiosa y fue, hechas las sumas y las restas, un intelectual honesto, su pensamiento y sus tomas de posición erraron más veces que acertaron. De él se puede decir lo que dijo Josep Pla de Marcuse: que contribuyó, con más talento que nadie, a la confusión contemporánea.

Lo leí por primera vez en el verano de 1952, cuando trabajaba de redactor en un periódico. Es la única época en que he hecho eso que muchas gentes creen todavía que hacen los escritores: vida bohemia. Al cerrar la edición, tarde en la noche, la fauna periodística se precipitaba a las cantinas, las *boîtes* de mala muerte, los burdeles, y eso, para un muchacho de quince años, parecía una gran aventura. En realidad, la verdadera aventura comenzó uno de esos amaneceres tabernarios cuando mi amigo Carlos Ney Barrionuevo me prestó *El muro*. Estos cuentos, con *La náusea*, las piezas de teatro —*Las moscas, Huis clos, La prostituta respetuosa, Las manos sucias*—, los primeros tomos de *Los caminos de la libertad* y los ensayos de Sartre nos descubrieron, a muchos, a comienzos de los años cincuenta, la literatura moderna.

Han envejecido de manera terrible; hoy se advierte que había en esas obras escasa originalidad. La incomunicación, el absurdo, habían cuajado, en Kafka, de manera más trémula e inquietante; la técnica de la fragmentación venía de John Dos Passos, y Malraux había tratado temas políticos con una vitalidad que no se llega a sentir ni siquiera en el mejor relato de esta índole que Sartre escribió: *La infancia de un jefe*.

¿Qué podían darle esas obras a un adolescente latinoamericano? Podían salvarlo de la provincia, inmunizarlo contra la visión folclórica, desencantarlo de esa literatura colorista, superficial, de esquema maniqueo y hechura simplona —Rómulo Gallegos, Eustasio Rivera, Jorge Icaza, Ciro Alegría, Güiraldes, los dos Arguedas, el propio Asturias de después de *El señor Presidente*— que todavía servía de modelo y que repetía, sin saberlo, los temas y maneras del naturalismo europeo importado medio siglo atrás. Además de impulsarlo a uno a salir del marco literario regionalista, leyendo a Sartre uno se enteraba, aunque fuera de segunda mano, que la narrativa había sufrido una revolución, que su repertorio de asuntos se había diversificado en todas direcciones y que los modos de contar eran, a la vez, más complicados y más libres. Para entender lo que ocurría en *La edad de la razón, El aplazamiento* o *La muerte en el alma*, por ejemplo, no había otro remedio que darse cuenta de lo que era un monólogo interior, saber diferenciar los puntos de vista del narrador y de los personajes, y acostumbrarse a que una historia cambiara de lugar, de tiempo y de nivel de realidad (de la conciencia a los hechos, de la mentira a la verdad) con la velocidad con que cambiaban las imágenes en una película. Uno aprendía, sobre todo, que la relación entre un narrador y un personaje no podía ser, como antaño, la del titiritero y su muñeco: era preciso volver invisibles esos hilos bajo pena de incredulidad del lector. (Por no haberse preocupado de ocultarlos, Sartre ejecutaría a François Mauriac en un ensayo, enviando sus novelas adonde correspondía: el pasado).

Sartre podía, también, salvarlo a uno del esteticismo y el cinismo. Gracias a Borges la literatura de nuestra lengua adquiría, en esos años, una gran sutileza de invención, una originalidad extraordinaria. Pero, como influencia, el genio de Borges podía ser homicida: producía borgecitos, mimos de sus desplantes gramaticales, de su erudición exótica y de su escepticismo. Descreer le había permitido a él crear una obra admirable; a quienes aprendían de Borges a creer en los adjetivos y a dudar de todo lo demás, la experiencia podía resultarles inhibidora e inducirlos al arte menor o al silencio. Menos artista que él, con una visión de la literatura más pobre que la de Borges, Sartre, sin embargo, podía ser más estimulante si uno se impregnaba de su convicción de que la literatura no podía ser nunca un juego, de que, por el contrario, escribir era la cosa más seria del mundo.

Las limitaciones que Sartre podía transmitir eran, de todos modos, abundantes. Una de ellas: enemistar al discípulo contra el humor, hacerle sentir que la risa estaba prohibida en una literatura que aspirase a ser profunda. No lo dijo nunca, pero no hacía falta: sus cuentos, novelas, dramas eran mortalmente graves. Otra, más seria: desinteresarlo de la poesía, que a Sartre nunca le gustó y que tampoco entendió. Es algo que descubrí en la época de mayor sujeción a su influjo, al darme cuenta que en sus ensayos sobre Baudelaire o sobre la poesía negra, citaba los versos como si fueran prosa, es decir, únicamente por los conceptos racionales que expresaban. Esta incomprensión de la poesía hizo que fuera injusto con el surrealismo, en el que no vio otra cosa que una manifestación estridente de iconoclasia burguesa y que desdeñara el impacto que tuvo el movimiento en el arte y la sensibilidad de nuestro tiempo. Pero, tal vez lo más limitante, provenía de que la ficción de Sartre carece de misterio: todo en ella está sometido al gobierno —en este caso, dictadura— de la razón. No hay arte grande sin una cierta dosis de sinrazón, porque el gran arte expresa siempre la totalidad humana, en la que hay intuición, obsesión, locura y fantasía a la vez que ideas. En la obra de Sartre el hombre parece exclusivamente compuesto de estas últimas. Todo en sus personajes —incluidas las pasiones— es un epifenómeno de la inteligencia. Como la suya era tan poderosa —se lo comparó, con justicia, a una máquina de pensar— consiguió escribir, partiendo sólo de ideas, narraciones y dramas que, en un primer momento, resultaban atractivos por su poder razonante, por el vigor del intelecto que se movía en ellos. A la distancia, se diluían y la memoria no retenía gran cosa de esas ficciones, narrativas o teatrales, porque la literatura de creación que prevalece es aquella en la que las ideas encarnan en las conductas y los sentimientos de los personajes, en tanto que, en su caso, sucedía al revés: las ideas devoraban la vida, desencarnaban a las personas, el mundo parecía un mero pretexto para formularlas. Eso determina que, pese a su voluntarioso arraigo en la problemática de su época —la esencia de su teoría del compromiso— sus novelas y su teatro nos parezcan ahora irreales.

Sin embargo, hay en su literatura una vena lateral, escurridiza, que parece salida de un centro profundo y estar allí como a pesar de la aplastante racionalidad. Una vena malsana, provocativa, escandalosa, que se manifiesta en temas y personajes —caballeros y damas que prefieren masturbarse a hacer el amor, o que sueñan con castrarse, hermanos semiincestuosos, individuos que cultivan la paranoia con ardor— pero, sobre todo, en un lenguaje de una acidez enfermiza. Sartre dijo que sus personajes molestaban porque eran demasiado lúcidos, pero eso no es verdad, pues los de Malraux también lo son y no molestan. Lo incómodo en ellos es que no saben gozar, que carecen de entusiasmos, de ingenuidad, que nunca ceden a simples impulsos, que no son irresponsables ni cuando duermen, que reflexionan en exceso. Los salva de ser meras entelequias y los hace humanos el hecho de que casi siempre tengan vicios, que sean espíritus tortuosos, orientados al lado negro de las cosas. Un lector predispuesto, leyendo las ficciones de Sartre, podía intuir que, en contra de aquello que el maestro intentaba hacer, era absolutamente imposible evitar que en la literatura comparecieran experiencias que, en todos los otros órdenes de la vida social, los hombres ignoran o niegan que existan.

II

El ensayo es el género intelectual por excelencia y fue en él, naturalmente, que esa máquina de pensar que era Sartre descolló. Leer sus ensayos era siempre una experiencia fuera de serie, un espectáculo en el que las ideas tenían la vitalidad y la fuerza de los personajes de una buena novela de aventuras. Había en ellos, por lo demás, una cualidad infrecuente: cualquiera que fuera su tema iban derechamente a lo esencial. Lo esencial, es decir, los problemas que acosan a aquel que sale de la confortable ceguera de la niñez y empieza a dudar, a preguntarse qué hace en el mundo, qué sentido tiene la vida, qué es la historia y cómo se decide el destino de los individuos.

Sartre proponía respuestas a estas preguntas más racionales y persuasivas que las de la religión y menos esquemáticas que las del marxismo. Si sus tesis eran ciertas, es otra cuestión; ahora sé que no eran tan originales como entonces nos parecían a tantos. Lo importante es que eran útiles: nos ayudaron a organizar nuestras vidas, fueron una guía valiosa en los laberintos de la cultura y la política y hasta en los asuntos más privados del trabajo y la familia.

La libertad es el eje de la filosofía sartreana. El hombre, desde que viene al mundo, está enteramente librado a sí mismo, es un proyecto permanente que se va realizando según la manera como él elige entre las diarias, múltiples opciones que debe enfrentar (todas ellas: las importantes y las triviales). El hombre siempre es libre de elegir —la abstención es, por supuesto, una elección— y por eso es responsable de los errores y aciertos que componen su vida, de sus dosis de miseria y de dicha. El hombre no es una esencia inmutable (un «alma») que precede y continúa a su trayectoria carnal, es una existencia que, a medida que se hace en el tiempo y en la historia, va constituyendo su propia e intransferible esencia. Existen los hombres, no la «naturaleza» humana.

Que el hombre sea dueño de su destino no significa, por supuesto, que todos los seres pueden elegir su vida en igualdad de condiciones, entre opciones equivalentes. La «situación» de un obrero, de un judío, de un millonario, de un enfermo, de un niño, de una mujer, son distintas y eso implica un abanico de alternativas totalmente diferentes para cada cual, en todos los dominios de la experiencia. Pero, en todos los casos, aun en el de los más desvalidos, en el de las peores víctimas, siempre es posible elegir entre conductas distintas, y cada elección supone un proyecto humano general, una concepción de la sociedad, una moral.

Los mejores ensayos de Sartre —quemaban las manos, las noches resultaban cortas leyéndolos— son aquellos donde describe, justamente, cómo eligieron sus vidas, dentro de la situación particular que fue la suya, ciertos hombres geniales, como Baudelaire, o terribles, como Jean Genet, o abnegados, como Juan Hermanos, Henri Martin o Henri Alleg. O aquellos, como *Reflexiones sobre la cuestión judía*, en los que a través de un caso concreto —el del antisemitismo— exponía su concepción de la relación humana, esa temible interdependencia condensada en una célebre frase de *Huis clos*: «El infierno son los otros». El «otro» es una proyección de uno mismo, alguien al que vemos de determinada manera y al que de este modo constituimos como tal. Son los prejuicios del no-judío los que crean al judío, el blanco el que crea al negro, el hombre el que ha creado a la mujer. Los «otros» nos hacen y rehacen continuamente y eso es lo que hacemos con ellos también. La libertad de ciertos hombres —grupos o clases—, dotada de cierto poder, les ha permitido reducir o distorsionar la de otros, condicionándolos a determinadas funciones que estos mismos han terminado por asumir como una condición esencial. Pero esto es una mentira, no hay funciones «esenciales»: ser colonizador o colonizado, obrero o patrón, blanco o negro, hombre o mujer, son «situaciones», hechos fraguados históricamente y por lo tanto transformables.

Estas ideas ocupaban centenares de páginas y —en el libro o en el artículo— estaban siempre magistralmente desarrolladas, matizadas, ilustradas, con una prosa maciza, ríspida, tan densa a ratos que uno sentía que le faltaba la respiración. Las bestias negras eran *le tricheur* y *le salaud* (el tramposo y el sucio), es decir, el que trampeaba a la hora de elegir, buscándose coartadas morales para su cobardía o su vileza, y el que se «comprometía» mal, optando por la injusticia.

Ahora resulta claro, para mí, que la famosa teoría sartreana del *compromiso*, si uno escarbaba hasta el fondo, era bastante confusa, pero en los años cincuenta nos parecía luminosa. Su mérito mayor era, entonces, que a un joven con vocación literaria y que había descubierto los problemas sociales, le suministraba una salida que parecía responsable desde el punto de vista político pero que no lo emasculaba intelectualmente, que era lo que ocurría a menudo con los que elegían la otra teoría entonces a la mano: el realismo socialista. El «compromiso» consistía en asumir la época que uno vivía, no las consignas de un partido; en evitar la gratuidad y la irresponsabilidad a la hora de escribir pero no en creer que la función de la literatura podía ser divulgar ciertos dogmas o convertirse en pura propaganda; en mantener las dudas y en afirmar la complejidad del hecho humano aun en aquellas situaciones extremas —como las del racismo, el colonialismo y la revolución— en las que la frontera entre lo justo y lo injusto, lo humano y lo inhumano, parecía nítidamente trazada.

La teoría del compromiso, aplicada a la literatura, se podía interpretar en dos sentidos distintos y Sartre así lo hizo, de manera alternada, según sus cambios políticos y preferencias intelectuales del momento. En un sentido amplio, todo escritor con talento resultaba comprometido, pues la «época», el «tiempo», es una noción tan vasta que todos los temas imaginables pueden caber en ella, siempre que se relacionen de algún modo con la experiencia humana (y en literatura siempre se relacionan). Así, Sartre pudo, en ciertos momentos, «comprometer» a creadores tan evasivos como Mallarmé, Baudelaire, Francis Ponge o Nathalie Sarraute. Esto generalizaba de tal modo la idea de «compromiso» que ya no era un concepto esclarecedor y operativo. En un sentido estricto, comprometerse significaba hacerlo políticamente, participar en el combate social de la época a favor de aquellas acciones, clases, ideas que representaban el progreso. Para un escritor este combate debía ser simultáneamente el del comportamiento ciudadano y el de la pluma, pues ésta, bien usada, era un arma: «las palabras son actos».

En su sentido amplio, el «compromiso» era una fórmula que abarcaba tanto —toda la literatura— que ya no abarcaba nada. En su sentido restrictivo, dejaba fuera de la literatura a un enorme número de escritores que habían sido indiferentes a la realidad política (como Proust, Joyce y Faulkner) o que habían elegido «mal» (como Balzac, Dostoyevski y Eliot) y volvía importantes a escritores que habían elegido bien pero que eran mediocres creadores (como Paul Nizan). Nada ilustra mejor la inoperancia de la teoría del compromiso como lo que le ocurrió a Sartre con Flaubert. En 1946 lo atacó con dureza, acusándolo de ser responsable de los crímenes que cometió la burguesía contra los comuneros de París «por no haber levantado la pluma para condenarlos». ¿Significaba eso que ser un escéptico en política era un obstáculo para escribir una gran obra literaria? Para probar que era así, Sartre comenzó a escribir un libro que le tomaría un cuarto de siglo —el gigantesco e inconcluso *El idiota de la familia*— y en el curso del cual no sería Flaubert sino la teoría del compromiso la que quedaría desbaratada, por el propio Sartre, al concluir que el autor de *Madame Bovary* fue el mejor escritor de su tiempo y quien fundó, con Baudelaire, la sensibilidad moderna.

Porque aunque se equivocó muchas veces, Sartre tuvo el coraje de contradecirse y rectificarse cuantas veces creyó que había errado.

III

Hasta la posguerra Sartre fue apolítico. El testimonio de sus compañeros de la École Normale, de sus alumnos del Liceo de Le Havre donde enseñó y de Simone de Beauvoir sobre los primeros años de amistad, en la década del treinta, perfilan la imagen de un joven al que la pasión intelectual absorbe todo su tiempo: la filosofía, primero —estuvo becado en Berlín y descubrir la fenomenología de Husserl y el pensamiento de Heidegger fue decisivo en su vida— e, inmediatamente después, la literatura.

La guerra cambió a este hombre de treinta y cinco años que, según confesión propia, «hasta 1940 carecía de opiniones políticas y ni siquiera votaba». Enrolado en el ejército, capturado durante la invasión, estuvo unos meses en un campo de prisioneros del que salió conquistado por la inquietud política. Pero, aunque formó parte de grupos intelectuales de la Resistencia, todavía en los años de la ocupación esta nueva preocupación no se manifiesta de manera explícita en lo que publica (*Lo imaginario*, *El ser y la nada*, *Huis clos*, los ensayos literarios) salvo, quizá, en *Las moscas*, pieza teatral en la que se ha visto, algo elásticamente, una alegoría contra el absolutismo. (Malraux recordaría una vez, con crudeza: «Mientras yo me batía contra los nazis, Sartre hacía representar sus piezas en París, aprobadas por la censura alemana»).

La actividad política de Sartre comienza, en verdad, a la Liberación, con la fundación de *Les Temps Modernes*, en octubre de 1945. Se lanzó a ella con ímpetu, ella condicionaría todo lo que en adelante escribió, pero, paradójicamente, sus declaraciones, manifiestos y gestos tendrían, a la larga, más notoriedad y acaso eficacia en el campo político que las obras de aliento intelectual que le inspiró. Quiero decir que, por ejemplo, así como su actitud pública en favor de la independencia de Argelia indujo a muchos jóvenes franceses a militar contra el colonialismo, pocos, en cambio, leyeron la *Crítica de la razón dialéctica*, ambicioso esfuerzo para desesquematizar el marxismo y revitalizarlo con aportes de la filosofía existencialista que no tuvo eco alguno, y menos que en nadie en aquellos a quienes iba dirigido: los intelectuales marxistas.

Es difícil hacer un balance del pensamiento y la historia política de Sartre a lo largo de estos treinta y cinco años, por su proximidad y complejidad. Decir que estuvo lleno de contradicciones, que su apasionamiento lo llevó a menudo a ser injusto, que, al mismo tiempo, hubo siempre en sus actitudes e ideas una generosidad y una rectitud moral básicas que lo hacían, aun en sus equivocaciones o ingenuidades políticas, respetable, y que su genio dialéctico fue en este caso un arma de doble filo pues le permitía revestir de fuerza de persuasión y apariencia de verdad a todo lo que sostenía e incluso a sus ucases (como el célebre: «Todo anticomunista es un perro»), es quizá cierto, pero insuficiente. En su caso la totalidad valdrá siempre más que cualquier síntesis.

Nadie pudo cuestionar nunca el desinterés y la limpieza con que asumió todas sus posiciones. Éstas fueron coherentes y consistentes en algunos temas, como el anticolonialismo, por el que combatió con gran coraje, cuando Indochina aún era francesa y cuando casi nadie en la izquierda europea se atrevía a pronunciarse a favor de la independencia de las colonias norafricanas o del África negra. Fue coherente y lúcido, también, en su empeño por entender al Tercer Mundo y combatir el eurocentrismo, por mostrar a los franceses que el africano, el asiático, el latinoamericano eran mundos en fermentación, parte de cuyas miserias provenían de las antiguas potencias colonizadoras o de las neocolonizadoras del presente y cuyas culturas merecían ser conocidas y respetadas. (Muchos años antes de que el Tercer Mundo se pusiera de moda, *Les Temps Modernes* dedicaba artículos a los problemas de estos países y yo recuerdo, por ejemplo, haber descubierto en sus páginas, en 1954 o 1955, la existencia del cubano Alejo Carpentier).

Pero éstos son aspectos laterales del quehacer político de Sartre. El central fue la convicción, que hizo suya a la liberación y que lo acompañó hasta la muerte, de que el socialismo es la única solución a los problemas sociales y que el intelectual tiene el deber de trabajar por esa solución. «Socialismo» en nuestros días quiere decir cosas varias y distintas y, a lo largo de su vida, Sartre estuvo a favor de las diversas variantes, incluida, al final de sus días, la socialdemocracia escandinava a la que, después de tantos años de denostar contra el despreciable reformismo burgués, reconoció haber ido más lejos que ningún otro sistema en conciliar la justicia social y la libertad del individuo.

Prosoviético, prochino, castrista, simpatizante trotskista o protector de los guerrilleros urbanos, nunca se inscribió, sin embargo, en el Partido Comunista. Fue siempre lo que se llamó «un compañero de viaje». En su caso esto no significó, como en el de otros intelectuales, docilidad oportunista, pérdida de la independencia, convertirse en mero instrumento. Él, llegado el momento, tomaba distancias y criticaba con dureza al partido o a la URSS, como cuando la intervención en Checoeslovaquia o el juicio contra Siniavski y Daniel. Por esas tomas de distancia recibió de los comunistas los ataques más feroces que se escribieron contra él, pese a que pasó buena parte de su vida política haciendo intrépidos esfuerzos intelectuales y morales para, no siendo uno de ellos, no parecer nunca que estaba en contra de ellos. Esta dramática posición —que define al intelectual progresista de los años cincuenta y sesenta— la formuló él así, en un ensayo de 1960: «La colaboración con el Partido Comunista es a la vez necesaria e imposible».

¿Por qué necesaria? Porque el socialismo es la única respuesta radical a los problemas humanos y porque la lucha por el socialismo la encarna el partido de la clase obrera. ¿Por qué imposible, entonces? Porque, aunque el marxismo es «la insuperable filosofía de nuestro tiempo», el Partido Comunista es dogmático, atado de pies y manos a la política de la URSS, y porque en este país, aunque es la patria del socialismo y «el único gran país donde la palabra progreso tiene sentido», se han producido deformaciones ideológicas profundas que hacen que, bajo el nombre de socialismo, se cometan abusos, injusticias e incluso grandes crímenes.

Si esto suena a caricatura, se debe a mi torpeza, no a mi intención. Porque éste es, ni más ni menos, el desesperante dilema que —con la fulgurante inteligencia de siempre— desarrolló Sartre, a lo largo de sus ensayos políticos de por lo menos veinte años, en *Los comunistas y la paz*, *El fantasma de Stalin*, innumerables artículos y en sus polémicas con aquellos que fueron sus amigos y aliados y que, por no poder seguirlo en todos los meandros cotidianos a que lo empujaba esta dificilísima posición, rompieron con él: Camus, Aron, Étiemble, Koestler, Merleau-Ponty y tantos otros de nombre menos ilustre.

Al cabo de los años, es este dilema lo que más trabajo cuesta perdonarle. Que, a quienes admirábamos tanto su poder intelectual, nos convenciera, con argumentos racionales que él sabía hacer irrebatibles,

146

de algo que era, pura y simplemente, un acto de fe. O, para usar su terminología, de «mala fe». Que nos hiciera creer, a quienes en buena parte gracias a él nos habíamos librado de la Iglesia y de Roma y de las verdades únicas, que había otra verdad única, y otra Iglesia y otra Roma de las que era preciso ser críticos, y a ratos muy severos, pero a sabiendas que fuera de ellas no había salvación moral o política verdaderas y que no quedaba por lo tanto otro remedio, para seguir siendo un «progresista», que vivir con la conciencia de un réprobo.

IV

Para los lectores futuros será tan difícil tener una idea cabal de lo que Sartre significó en esta época, como para nosotros entender exactamente lo que representaron en la suya Voltaire, Victor Hugo o Gide. Él, igual que ellos, fue esa curiosa institución francesa: el mandarín intelectual. Es decir, alguien que ejerce un magisterio más allá de lo que sabe, de lo que escribe y aun de lo que dice, un hombre al que una vasta audiencia confiere el poder de legislar sobre asuntos que van desde las grandes cuestiones morales, culturales y políticas hasta las más triviales. Sabio, oráculo, sacerdote, mentor, caudillo, maestro, padre, el mandarín contamina su tiempo con ideas, gestos, actitudes, expresiones, que, aunque originalmente suyos, o a veces sólo percibidos como suyos, pasan luego a ser propiedad pública, a disolverse en la vida de los otros.

(El mandarinato es típicamente francés, porque, aunque en otros países haya habido ocasionalmente figuras que ejercían esta función —como Ortega y Gasset en España y Tolstói en Rusia—, en Francia, por lo menos desde el siglo XVIII, toda la vida intelectual ha discurrido de este modo, rozando en torno a escritores que eran a la vez pontífices de la sensibilidad, el gusto y los prejuicios).

Será difícil, para los que conozcan a Sartre sólo a través de sus libros, saber hasta qué punto las cosas que dijo, o dejó de decir, o se pensó que podía haber dicho, repercutían en miles de miles de personas y se tornaban, en ellas, formas de comportamiento, «elección» vital. Pienso en mi amigo Michael, que ayunó y salió semidesnudo al invierno de París hasta volverse tuberculoso para no ir a pelear en la «sucia guerra» de Argelia, y en mi buhardilla atiborrada de propaganda del FLN argelino que escondí allí porque «había que comprometerse».

Por Sartre nos tapamos los oídos para no escuchar, en su debido momento, la lección política de Camus, pero, en cambio, gracias a Sartre y a *Les Temps Modernes* nos abrimos camino a través de la complejidad del caso palestino-israelí que nos resultaba desgarrador. ¿Quién tenía la razón? ¿Era Israel, como sostenía buena parte de la izquierda, una simple hechura artificial del imperialismo? ¿Había que creer que las injusticias cometidas por Israel contra los palestinos eran moralmente idénticas a las cometidas por los nazis contra los judíos? Sartre nos salvó del esquematismo y la visión unilateral. Es uno de los problemas en que su posición fue siempre consistente, lúcida, valerosa, esclarecedora. Él entendió que podía haber dos posiciones igualmente justas y sin embargo contradictorias, que tanto palestinos como israelíes fundaban legítimamente su derecho a tener una patria y que, por lo tanto, había que defender la tesis —que parecía entonces imposible, pero que ahora, gracias a Egipto, ya no lo parece tanto— de que el problema sólo se resolvería cuando Israel consintiera en la creación de un Estado palestino y los palestinos, por su parte, reconocieran la existencia de Israel.

Mi decepción con Sartre ocurrió en el verano de 1964, al leer un reportaje que le hacía *Le Monde*, en el que parecía abjurar de todo lo que había creído —y nos había hecho creer— en materia de literatura. Decía que frente a un niño que se muere de hambre *La náusea* no sirve de nada, no vale nada. ¿Significaba esto que escribir novelas o poemas era algo inútil, o, peor, inmoral, mientras hubiera injusticias sociales? Al parecer sí, pues en el mismo reportaje aconsejaba a los escritores de los nuevos países africanos que renunciaran a escribir por el momento y se dedicaran más bien a la enseñanza y otras tareas más urgentes, a fin de construir un país donde más tarde fuera posible la literatura.

Recuerdo haber pensado, repensado, vuelto a pensar en ese reportaje, con la deprimente sensación de haber sido traicionado. Quien nos había enseñado que la literatura era algo tan importante que no se podía jugar con ella, que los libros eran actos que modificaban la vida, súbitamente nos decía que no era así, que, a fin de cuentas, no servía de gran cosa frente a los problemas serios; se trataba de un lujo que se podían permitir los países prósperos y justos, pero no los pobres e injustos, como el mío. Para esa época ya no había argumento capaz de librarme de la literatura, de modo que el reportaje sirvió más bien para librarme de Sartre: se rompió el hechizo, ese vínculo

149

irracional que une al mandarín con sus secuaces. Me acuerdo muy bien de la consternación que significó darme cuenta de que el hombre más inteligente del mundo podía también —aunque fuese en un momento de desánimo— decir tonterías. Y, en cierta forma, era refrescante, después de tantos años de respetuoso acatamiento, polemizar mentalmente con él y desbaratarlo a preguntas. ¿A partir de qué coeficiente de proteínas per cápita en un país era ya ético escribir novelas? ¿Qué índices debían alcanzar la renta nacional, la escolaridad, la mortalidad, la salubridad, para que no fuera inmoral pintar un cuadro, componer una cantata o tallar una escultura? ¿Qué quehaceres humanos resisten la comparación con los niños muertos más airosamente que las novelas? ¿La astrología? ¿La arquitectura? ¿Vale más el palacio de Versalles que un niño muerto? ¿Cuántos niños muertos equivalen a la teoría de los *quanta*?

Luego de la polémica que provocaron sus declaraciones, Sartre las suavizó y enmendó. Pero, en el fondo, reflejaban algo que sentía: su desilusión de la literatura. Era bastante comprensible, por lo demás. Pero la culpa la tenía él, que le había pedido a la literatura cosas que no estaban a su alcance. Si uno piensa que una novela o un drama van a resolver los problemas sociales de manera más o menos visible, inmediata, concreta, lo probable es que termine desencantado de la literatura, o de cualquier actividad artística, pues el efecto social de una obra de arte es indirecto, invisible, mediato, dificilísimo siempre de medir. ¿Significa esto que no *sirvan*? Aunque no se pueda demostrar como se demuestra un teorema, sí sirven. Yo sé que mi vida hubiera sido peor sin los libros que escribió Sartre.

Aunque a la distancia, y con cierto despecho que nunca acabó de disiparse, el interés por todo lo que él decía, hacía o escribía, siempre se mantuvo. Y probablemente, como ha debido ocurrirles a todos los que de una manera u otra fueron influidos por él, en cada polémica, crisis, ruptura, nunca dejé, para saber si había procedido bien o mal, de pensar en Sartre. Recuerdo la alegría que me dio estar sentado a su lado, en la Mutualité, en 1967, en una actuación en favor de la libertad de Hugo Blanco, y la tranquilidad moral que fue saber, cuando el llamado «caso Padilla», que él y Simone de Beauvoir habían sido los primeros en Francia en firmar nuestro manifiesto de protesta.

Con él se ha muerto una cierta manera de entender y de practicar la cultura que fue una característica mayor de nuestro tiempo; con él se acaba un mandarinato que acaso sea el último, pues los mandarines de su generación que lo sobreviven son muy académicos o muy abstrusos y de séquitos muy escuálidos y en las generaciones más jóvenes no hay nadie que parezca capaz de llenar ese impresionante vacío que deja.

Alguien me ha dicho que estas notas que he escrito sobre él son más ácidas que lo que cabía esperar de quien confesadamente le debe tanto. No creo que a él eso le hubiera importado; estoy seguro que le hubiera disgustado menos que el implacable fuego de artificio —alabanzas, ditirambos, carátulas— con que lo ha enterrado esa Francia oficial contra la que despotricaba.

Hay que recordar que era un hombre sin ese género de vanidades, que no aceptaba homenajes y que tenía horror al sentimentalismo.

Washington, mayo-junio de 1980

Las bellas imágenes, de Simone de Beauvoir

La novela existencialista tuvo una vida brillante aunque algo efímera. Nació en 1938, con *La náusea*, de Sartre, y durante unos quince años fue la tendencia dominante en la narrativa francesa. Su fecha de defunción se sitúa aproximadamente en 1954, año de la aparición de la mejor novela de este movimiento, su canto de cisne: *Los mandarines*, de Simone de Beauvoir. Admirablemente se describe en ella el fracaso de una generación de intelectuales lúcidos y honestos, que creyeron en una literatura «comprometida», capaz de desempeñar una función política inmediata y a los que la guerra fría, el maccarthismo, Corea, las guerras coloniales y la impotencia de la izquierda ante las fuerzas conservadoras que se han instalado en el poder en casi toda Europa desengañaron brutalmente. Durante quince años los más dotados, los más serios escritores franceses estrenaron dramas, publicaron novelas, artículos, ensayos, tratando de formar una conciencia progresista, defendiendo los ideales generosos de la Resistencia. Este hermoso esfuerzo serviría de poca cosa y quedaría en cierto modo destruido con la aventura imperialista de Suez y el apenas disimulado cuartelazo de mayo que pone fin a la Cuarta República. Además de decepcionada, esta generación se ha dividido cuando aparece *Los mandarines*: la ruptura entre Sartre y Camus, primero, y luego entre Sartre y Merleau-Ponty debilita el formidable equipo inicial de *Les Temps Modernes*. La novela deja de ser el género preferido por los existencialistas; Sartre interrumpe *Los caminos de la libertad*, cuyo tomo final no aparecerá nunca; la vena narrativa de Camus se adelgaza lastimosamente después de *El extranjero* y *La peste* (sus relatos posteriores, así como su tercera novela, son ejercicios de estilo sin vuelo); incluso Genet, a quien con algún esfuerzo puede incluirse dentro de los narradores existencialistas, deserta el género después de escribir *Le Journal du voleur*. En poco tiempo, un puñado de novelistas apolíticos y formalistas reemplaza en el primer plano de la actualidad literaria francesa, a los escritores de la Liberación. Desde hace diez años nadie disputa la vanguardia narrativa en Francia a ese grupo disímil conformado, entre otros, por Robbe-Grillet, Nathalie Sarraute, Butor, Beckett, pese a que los ingeniosos experimentos a que se dedican muestran cada vez mayores síntomas de atonía.

Las muertes de Camus y Merleau-Ponty reducen la plana mayor del existencialismo literario francés a dos nombres (Gabriel Marcel, pese a sus tentativas dramáticas, nunca fue, propiamente, un creador): Sartre y Simone de Beauvoir. Sartre escribe algunos dramas, pero su obra principal será en el futuro filosófica y política. Simone de Beauvoir narra sus viajes (a China, a Estados Unidos) en libros que están a medio camino del reportaje y del ensayo; luego, emprende la redacción de sus memorias: tres tomos sólidamente construidos que describen, con inteligencia y hondura, la emancipación de una muchacha del mundo burgués en el que ha nacido, su lucha por vencer los tabúes y prejuicios que una clase mantiene aún sobre «el segundo sexo». *Una muerte muy dulce*, breve relato de la agonía y muerte de la madre de Simone de Beauvoir, es como un apéndice de esas memorias.

Trece años después de *Los mandarines*, Simone de Beauvoir publica ahora una nueva novela (la quinta): *Les Belles images*. Se trata de un texto ceñido y excelente que, desde sus primeras páginas, disipa los temores —formulados por alguien antes de la aparición del libro— de que esta novela, luego de ese frenético afán de búsqueda de nuevas formas y audacias estilísticas puesto de moda por los autores del *nouveau roman*, empañara el prestigio narrativo que dio a Simone de Beauvoir *Los mandarines* y la mostrara, como novelista, anticuada. Nada de eso: *Les Belles images*, aunque fiel en su contenido a los postulados existencialistas del «compromiso», es un libro que no debe nada a la técnica tradicional y que, más bien, está cerca, en su escritura y estructura, de la novela experimental. Es tal vez su mayor mérito: aprovechar, para dar mayor relieve a una materia narrativa de gran significación, ciertas formas y métodos expresivos que en otros autores resultaban artificiosos y cargantes por la pobreza de los asuntos que trataban.

Les Belles images está escrito en el presente del indicativo como una novela de Robbe-Grillet; tiene la austeridad descriptiva —frases muy breves, una mínima alusión basta para presentar un paisaje, un personaje— de un relato de Marguerite Duras, y utiliza un diálogo de «doble fondo», como suele hacerlo Nathalie Sarraute para mostrar la subjetividad de sus héroes (llamémoslos así). Pero aunque es evidente que Simone de Beauvoir ha leído con detenimiento a estos autores y aprovechado sus técnicas, sería exagerado decir que los imita. Sus propósitos son muy distintos, incluso contradicen los de aquéllos. El objetivo primordial de *Les Belles images* es mostrar, a través de una ficción, la alienación de la mujer en una gran sociedad de consumo moderna; describir la despersonalización del ser humano, su sutil mudanza en robot, en el seno de una sociedad en la que los que Marx llamó «fetiches» —el dinero, la publicidad, la técnica— han pasado de ser instrumentos al servicio del hombre a instrumentos de esclavización de los hombres. Desde luego que Simone de Beauvoir no es la primera en abordar el tema de la «alienación» o «enajenación» en los países industrializados: la literatura y el cine contemporáneos están contaminados profundamente de este problema (que, por ejemplo, aparece una y otra vez en las películas de Antonioni y de Jean-Luc Godard). La diferencia está, más bien, en que, en tanto que otros autores se complacen en describir los síntomas o manifestaciones de esta alienación, e, incluso, alborozadamente contribuyen con sus propias obras a fomentarla, Simone de Beauvoir toma distancia frente al tema, adopta ante él una postura crítica y trata de combatirlo.

Este peligro, aunque real, es difícilmente detectable, por las formas agradables que adopta. El personaje central de *Les Belles images*, Laurence —mujer joven, casada con un arquitecto, empleada de una agencia de publicidad—, lo presiente oscuramente, intuye que está anclado en su vida, pero no logra identificarlo ni sacárselo de encima. Ella siente que algo, no sabe qué, está royendo a cada instante esa existencia suya que, en apariencia, transcurre sin grandes sobresaltos, en una atmósfera holgada, hecha de «bellas imágenes» —un departamento elegante, reuniones sociales, viajes—, semejantes a las que debe fabricar a diario a fin de ganar clientes para los productos de las firmas industriales. Su marido la quiere y la respeta; su trabajo le gusta; sus hijas son listas y graciosas; los ingresos familiares le permiten vivir bien. ¿Por qué no es feliz, entonces? Para traer un poco de excitación y aventura a esa vida tan apacible, Laurence recurre al adulterio; pero, al poco tiempo, descubre que su relación con Lucien, un compañero de trabajo tan correcto, afectuoso e inteligente como Jean-Charles, su marido, no la libera de la mansa monotonía matrimonial, no hace más que prolongar ésta, duplicarla. Frustrada, Laurence rompe con Lucien. Se refugia entonces en su padre, un modesto empleado del Congreso, a quien su madre, Dominique, una mujer que ha escalado altas posiciones en la televisión, abandonó años atrás por su falta de ambiciones. Laurence ve en su padre, que vive recluido entre libros y discos, un ejemplo, algo diferente a su mundo convencional y vacío, y está dispuesta a creer que su padre tiene razón cuando acusa a la «civilización» de haber hecho infelices a los hombres, de haberlos arrancado a la alegría sencilla de la vida primitiva. Pero en un viaje a Grecia, acompañando a su padre, Laurence descubrirá que la miseria no tiene nada de sano y placentero y que es sencillamente atroz. Por lo demás, tampoco es cierto que la lectura y el arte basten para ser feliz; la reconciliación de su padre y Dominique, cuando ésta es abandonada por su amante, muestra a Laurence que aquél estaba harto de la soledad y dispuesto a cualquier cosa —incluso a aceptar la vida frívola— para librarse de ella.

«¿Por qué no soy como los demás?», se pregunta Laurence a cada instante. Porque ella, todo el tiempo, se descubre diciendo cosas que no piensa, actuando sin convicción, simulando lo que no siente, exhibiendo ante el mundo una personalidad que no es la suya. ¿En qué momento surgió en su vida esa incomprensible duplicidad? ¿Por qué no fue la mujer que debió ser y es ahora este ser extraño a sí mismo? Trata de rebelarse pero sólo muy vagamente porque no sabe muy bien contra qué ni cómo hacerlo: los manotazos de ciego en el vacío sólo sirven, a la larga, para agravar su malestar. Ella quisiera «ser para sí misma una presencia amiga, un hogar que irradia calor», y, en cambio, tiene la sensación de ser una sonámbula que evoluciona en un mundo «liso, higiénico, rutinario». Al final del libro, Laurence decide educar a sus hijas de una manera distinta a la exigida por las convenciones de su mundo, darles una posibilidad de salvarse. «¿Qué posibilidad? Ni siquiera lo sabe».

Simone de Beauvoir concluye con esa lúgubre frase la tragedia de Laurence, la tragedia de un mundo paradójico en el que el más alto desarrollo de la ciencia y de la técnica, la proliferación y abundancia de bienes, en vez de aminorar, aumentan la infelicidad humana. Desde luego que el libro no es un alegato contra el progreso, un manifiesto oscurantista contra las máquinas. Es un llamado de atención en favor del hombre, que debe ser siempre el objetivo esencial del progreso, el amo y beneficiario de esas prodigiosas máquinas modernas y no su víctima. Para los lectores latinoamericanos el problema que describe Simone de Beauvoir en su novela es todavía algo borroso, pues los peligros que amenazan a una sociedad que ha alcanzado, gracias a la técnica, el bienestar material, no se ciernen aún sobre nuestros países, aquejados de males más primarios. Pero conviene tener presente lo engañoso de esas bellas imágenes y estar conscientes de lo irrisorio de un progreso que atienda a la satisfacción de ciertas necesidades humanas y olvide otras. El progreso de los hombres, parece decirnos Simone de Beauvoir, será simultáneamente material, intelectual y moral o, sencillamente, no será.

Londres, febrero de 1967

Albert Camus y la moral de los límites

Hace unos veinte años Albert Camus era un autor de moda y sus dramas, ensayos y novelas ayudaban a muchos jóvenes a vivir. Muy influido por Sartre, a quien entonces seguía con pasión, leí en esa época a Camus sin entusiasmo, e, incluso, con cierta impaciencia por lo que me parecía su lirismo intelectual. Más tarde, con motivo de la aparición póstuma de los *Carnets* (1962 y 1964), escribí un par de artículos en los que, ligereza que ahora me sonroja, afirmaba que la obra de Camus había sufrido eso que, con fórmula de Carlos Germán Belli, podríamos llamar «encanecimiento precoz». Y, a partir de la actitud de Camus frente al drama argelino —actitud que conocía mal, por la caricatura que habían hecho de ella sus adversarios y no por los textos originales— me permití incluso alguna ironía en torno a la imagen del justo, del santo laico, que algunos devotos habían acuñado de él.

No volví a leer a Camus hasta hace algunos meses, cuando, de manera casi casual, con motivo de un atentado terrorista que hubo en Lima, abrí de nuevo *L'Homme révolté*, su ensayo sobre la violencia en la historia, que había olvidado por completo (o que nunca entendí). Fue una revelación. Ese análisis de las fuentes filosóficas del terror que caracteriza a la historia contemporánea me deslumbró por su lucidez y actualidad, por las respuestas que sus páginas dieron a muchas dudas y temores que la realidad de mi país provocaba en mí y por el aliento que fue descubrir que, en varias opciones difíciles de política, de historia y de cultura, había llegado por mi cuenta, después de algunos tropezones, a coincidir enteramente con Camus. En todos estos meses he seguido leyéndolo y esa relectura, pese a inevitables discrepancias, ha trocado lo que fue reticencia en aprecio, el desaire de antaño en gratitud. En unos brochazos toscos, me gustaría diseñar esta nueva imagen que tengo de Camus.

Pienso que para entender al autor de *L'Étranger* es útil tener en cuenta su triple condición de provinciano, de hombre de la frontera y miembro de una minoría. Las tres cosas contribuyeron, me parece, a su manera de sentir, de escribir y de pensar. Fue un provinciano en el sentido cabal de la palabra, porque nació, se educó y se hizo hombre muy lejos de la capital, en lo que era entonces una de las extremidades remotas de Francia: África del Norte, Argelia. Cuando Camus se instaló definitivamente en París tenía cerca de treinta años, es decir, era ya, en lo esencial, el mismo que sería hasta su muerte. Fue un provinciano para bien y para mal, pero sobre todo para bien, en muchos sentidos. El primero de todos, porque, a diferencia de lo que ocurre con el hombre de la gran ciudad, vivió en un mundo donde el paisaje era la presencia primordial, algo infinitamente más atractivo e importante que el cemento y el asfalto. El amor de Camus por la naturaleza es rasgo permanente de su obra: en sus primeros libros —*L'Envers et l'Endroit, Noces, L'Été, Minotaure ou Le Halte d'Oran*—, el sol, el mar, los árboles, las flores, la tierra áspera o las dunas quemantes de Argelia son la materia prima de la descripción o el punto de partida de la reflexión, las referencias obligadas del joven ensayista cuando trata de definir la belleza, exalta la vida o especula sobre su vocación artística. Belleza, vida y arte se confunden en esos textos breves y cuidados en una suerte de religión natural, en una identificación mística con los elementos, en una sacralización de la naturaleza que a mí, en muchos momentos, me ha hecho recordar a José María Arguedas, en cuyos escritos se advierte algo semejante. En la obra posterior de Camus, el paisaje —y sobre todo el privilegiado paisaje mediterráneo— está también presente, a menudo como un apetito atroz o como una terrible nostalgia: Marthe y su madre, las ladronas y asesinas de *Le Malentendu*, matan a los viajeros del albergue con el fin de poder, algún día, instalarse en una casita junto al mar, y Jean-Baptiste Clamence, el protagonista de *La Chute*, exclama en un momento desesperado de su soliloquio: «¡Oh, sol, playas, islas de los vientos alisios, juventud cuyo recuerdo desespera!». En Camus, el paisaje, por su hermosura y calidez bienhechora, no sólo contenta el cuerpo del hombre; también lo purifica espiritualmente.

No señalo la aguda sensibilidad de Camus por la naturaleza sólo porque ella se traduce en algunas de las páginas de prosa más intensa que escribió, ni porque ella impregna su obra de cierto color exótico, sino, sobre todo, porque el poderoso vínculo sentimental que unió a Camus con esas reverberantes playas argelinas, con esas ruinas de Tipasa devoradas por la vegetación salvaje, con esos desiertos, montañas y árboles, es la raíz de un aspecto fundamental de —él no hubiera aceptado la expresión— su filosofía. «Todo mi reino es de este mundo», escribió en *Noces*, en 1939. Y unas páginas después: «El mundo es bello y fuera de él no hay salvación». El ateísmo de Camus, ¿puede desligarse acaso de su deificación de la naturaleza? La otra vida no le pareció incomprensible, sino, simplemente, innecesaria: en ésta encontró suficiente plenitud, goce y belleza para colmar a los hombres. Porque su ateísmo no es materialista, sino, más bien, una especie de religión pagana en la que el espíritu resulta el estadio superior, una prolongación de los sentidos. Lo dijo en *Noces*, donde, con motivo de una visita a un convento de Florencia, recuerda a los vagabundos de Argel: «Sentía una común resonancia entre la vida de esos franciscanos, encerrados entre columnas y flores, y la de los mozos de la playa Padovani de Argel, que pasan todo el año al sol. Si se desvisten, es para una vida más grande, y no para otra vida. Es éste, al menos, el único sentido válido de la palabra "desnudez". Estar desnudo guarda siempre un sentido de libertad física y a ese acuerdo entre la mano y las flores —ese amoroso entendimiento de la tierra y el hombre liberado de lo humano—, ¡ah!, a ese acuerdo me convertiría si no fuese ya mi religión».

En efecto, fue su religión, o más bien una convicción a la que permaneció fiel toda su vida: la de que el hombre se realiza íntegramente, vive su total realidad, en la medida en que comulga con el mundo natural, y la de que el divorcio entre el hombre y el paisaje mutila lo humano. Es quizá esta convicción, nacida de la experiencia de alguien que creció a la intemperie —y que, en la semblanza de Orán, en el *Minotaure ou Le Halte d'Oran*, hizo un elogio de la vida provinciana que hubiera aprobado el provinciano por antonomasia, quiero decir Azorín—, la que separó a Camus de los intelectuales de su generación. Todos ellos, marxistas o católicos, liberales o existencialistas, tuvieron algo en común: la idolatría de la historia. Sartre o Merleau-Ponty, Raymond Aron o Roger Garaudy, Emmanuel Mounier o Henri Lefebvre, por lo menos en un punto coincidieron: el hombre es un ser eminentemente social y entender sus miserias y padecimientos, así como proponer soluciones para sus problemas, es algo que sólo cabe en el marco de la historia. Enemistados en todo lo demás, estos escritores compartían el dogma más extendido de nuestro tiempo: la historia es el instrumento clave de la problemática humana, el territorio donde se decide *todo* el destino del hombre. Camus no aceptó nunca este mandamiento moderno. Sin negar la dimensión histórica del hombre, siempre sostuvo que una interpretación puramente económica, sociológica, ideológica de la condición humana era trunca y, a la larga, peligrosa. En *L'Été* (1948) escribió: «La historia no explica ni el universo natural que existía antes de ella ni tampoco la belleza que está por encima de ella». Y en ese mismo ensayo objetó la hegemonía de las ciudades, a las cuales asociaba el absolutismo historicista en el que, más tarde, en *L'Homme révolté*, vería el origen de la tragedia política moderna, es decir, la época de las dictaduras filosóficamente justificadas en la necesidad histórica: «Vivimos en la época de las grandes ciudades. De modo deliberado se amputó al mundo aquello que le da permanencia: la naturaleza, el mar, la colina, la meditación de los atardeceres. Ya no hay conciencia si no es en las calles, porque no hay historia sino en las calles; tal es lo que se ha decretado».

A este hombre citadino, al que los pensadores modernos han convertido en un mero producto histórico, al que las ideologías han privado de su carne y su sangre, a este ser abstracto y urbano, separado de la tierra y del sol, desindividualizado, disgregado de su unidad y convertido en un archipiélago de categorías mentales, Camus opone el hombre natural, unido al mundo de los elementos, que reivindica orgullosamente su estirpe física, que ama su cuerpo y que procura complacerlo, que encuentra en el acuerdo con el paisaje y la materia no solamente una forma plena y suficiente del placer, sino la confirmación de su grandeza. Este hombre es elemental no sólo porque sus placeres son simples y directos, sino, también, porque carece de los refinamientos y las astucias sociales: es decir, el respeto de las convenciones, la capacidad de disimulación y de intriga, el espíritu de adaptación y las ambiciones que tienen que ver con el poder, la gloria y la riqueza. Éstas son cosas que ni siquiera desprecia: ignora que existen. Sus virtudes —la franqueza, la sencillez, una cierta predilección por la vida espartana— son las que tradicionalmente se asocian con la vida de provincia, y, en otro sentido, con el mundo pagano. ¿Qué ocurre cuando este hombre natural intenta hacer uso de su derecho de ciudad? Una tragedia: la ciudad lo tritura y acaba con él. Éste es el tema de la mejor novela de Camus: *L'Étranger*.

Durante mucho tiempo se ha repetido que era un libro filosófico sobre la sinrazón del mundo y de la vida, una ilustración literaria de esa filosofía del absurdo que Camus había intentado describir en *Le Mythe de Sisyphe*. Leída hoy, la novela parece sobre todo un alegato contra la tiranía de las convenciones y de la mentira en que se funda la vida social. Meursault es, en cierta forma, un mártir de la verdad. Lo que lo lleva a la cárcel, a ser condenado, y, presumiblemente, ejecutado, es su incapacidad ontológica para disimular sus sentimientos, para hacer lo que hacen los otros hombres: representar. Es imposible para Meursault, por ejemplo, fingir en el entierro de su madre más tristeza de la que tiene y decir las cosas que, en esas circunstancias, se espera que un hijo diga. Tampoco puede —pese a que en ello le va la vida— simular ante el juez un arrepentimiento mayor del que siente por la muerte que ha causado. Eso se castiga en él, no su crimen. De otro lado, la novela es también un manifiesto a favor de la preeminencia de este mundo sobre cualquier otro. Meursault —el hombre elemental— es educado, lacónico, pacífico (su crimen es, realmente, obra del azar) y sólo pierde el control de sí mismo y se irrita cuando le hablan de Dios, cuando alguien —como el juez de instrucción o el capellán de la cárcel— se niega a respetar su ateísmo (más bien, su paganismo) así como él respeta el deísmo de los demás. La actitud catequista y sectaria, impositiva, lo exaspera. ¿Por qué? Porque todo lo que él ama y comprende está exclusivamente en esta tierra: el mar, el sol, los crepúsculos, la carne joven de María. Con la misma indiferencia animal con que cultiva los sentidos, Meursault practica la verdad: eso hace que, entre quienes lo rodean, parezca un monstruo. Porque la verdad —esa verdad natural, que mana de la boca como el sudor de la piel— está reñida con las formas racionales en que se funda la vida social, la comunidad de los hombres históricos. Meursault es en muchos aspectos un álter ego de Camus, que amó también este mundo con la intensidad con que los místicos aman el otro, que tuvo también el vicio de la verdad y que por ella —sobre todo en política— no vaciló en infringir las convenciones de su tiempo. Sólo un hombre venido de lejos, desenterado de las modas, impermeable al cinismo y a las grandes servidumbres de la ciudad, hubiera podido defender, como lo hizo Camus, en pleno apogeo de los sistemas, la tesis de que las ideologías conducen irremisiblemente a la esclavitud y al crimen, a sostener que la moral es una instancia superior a la que debe someterse la política y a romper lanzas por dos señoras tan desprestigiadas ya en ese momento que su solo nombre había pasado a ser objeto de irrisión: la libertad y la belleza.

De otro lado, hay en el estilo de Camus un cierto anacronismo, una solemnidad y un amaneramiento que es imposible no asociar con esos caballeros del interior que lustran sus botines y se enfundan su mejor traje cada domingo para dar vueltas a la plaza oyendo la retreta. Jean-Baptiste Clamence, el juez-penitente de *La Chute* que, asqueado de la mentira y la duplicidad que era su vida en la gran capital, ha ido a perderse y a predicar la servidumbre en un bar prostibulario de Ámsterdam, dice a su invisible interlocutor, luego de pronunciar una frase muy rebuscada: «Ah, noto que este imperfecto de subjuntivo lo turba. Confieso mi debilidad por ese tiempo verbal y por el *beau langage*, en general». Es el caso de Camus. En el buen sentido de la palabra, hay en su prosa una constante afectación; una gravedad sin tregua, una absoluta falta de humor y una rigidez muy provincianas. Sus frases, generalmente cortas, están pulidas, limpiadas, depuradas hasta lo esencial y cada una de ellas tiene la perfección de una piedra preciosa. Pero el movimiento o respiración del conjunto suele ser débil. Se trata de un estilo estatuario en el que, además de su admirable concisión y de la eficacia con que expresa la idea, el lector advierte algo naif; un estilo endomingado, sobre el que flota, impregnándolo de un airecillo pasado de moda, un perfume de almidón. No deja de ser paradójico que el escritor moderno que ha celebrado con los acentos más persuasivos la vida natural y directa, fuera, como prosista, uno de los más «artísticos» (en el sentido de trabajado y también de artificial) de su tiempo. Es una de las originalidades de Camus; otra, el que, muy provincianamente, cultivara géneros extinguidos, como las cartas, por ejemplo —pienso en las *Lettres à un ami allemand* que escribió cuando era resistente, explicando las razones por las que combatía—, o esos textos ambiguos, como *Noces*, *L'Été* o *L'Envers et l'Endroit*, a medio camino del ensayo y la ficción, de la poesía y la prosa, que entroncan, dando un salto de siglos, con la literatura clásica.

Pero aparte de las formas literarias, hay también algunos valores que Camus cultivó y defendió con pasión, desterrados ya de la ciudad, es decir, del mundo de los solitarios y los cínicos: el honor y la amistad. Son valores individualistas por definición, alérgicos a la concepción puramente social del hombre, y en los que Camus vio dos formas de redención de la especie, una manera de regenerar la sociedad, un tipo superior y privilegiado de relación humana. El honor del que él habla con tanta frecuencia no es el del que suelen hablar los espadachines y los cornudos. Es, muy exactamente, la vieja *honra* medieval española, es decir, ese respeto riguroso de la dignidad propia, ese acuerdo de la conducta con una regla íntimamente aceptada, que, si se rompe, por debilidad de uno o acción ajena, degrada al individuo. No es extraño que Camus (quien por parte de madre era de origen español) fuera un buen gustador de la literatura del Siglo de Oro y que tradujera al francés *El caballero de Olmedo*, de

Lope, y *La devoción de la Cruz*, de Calderón. No estoy tratando de insinuar que Camus propusiera, como un extravagante pasadista, resucitar los valores del Medioevo. La *honra* que él predicaba —y que era la suya— estaba exenta de toda connotación cristiana o clasista, y consistía en reconciliar definitivamente, en cada individuo, las palabras y los hechos, la creencia y la conducta, la apariencia social y la esencia espiritual, y en el respeto último de dos mandamientos morales muy precisos: no cometer ni justificar, en ningún caso y en ninguna circunstancia, la mentira ni el crimen. En cuanto a la amistad —forma de relación que, aparentemente, se halla en vías de extinción: los hombres hoy son más aliados, cómplices (eso que se designa con fórmulas como «compañero», «correligionario» o «camarada»), que amigos—, Camus no sólo vio en ella la más perfecta manera de solidaridad humana, sino el arma más eficaz para combatir la soledad, la muerte en vida. Es la falta de amistades, esa carencia que es en ellos al mismo tiempo una discreta pero desesperada ambición, lo que da a los protagonistas de sus despobladas novelas ese desamparo tan atroz, ese desvalimiento e indigencia ante el mundo. Meursault, el Dr. Rieux, Tarrou y Jean-Baptiste Clamence nos parecen tan solos porque son hombres sin amigos. Es este último quien lo expresa con cierto patetismo, en esta frase triste: «Ah, mi amigo, ¿sabe usted lo que es la criatura solitaria, errando por las calles de las grandes ciudades?». La desaparición de la amistad, esa manera de perder el tiempo que es de todos modos supervivencia de la provincia, era para Camus una de las tragedias de la vida moderna, uno de los síntomas del empobrecimiento humano. Él cultivó la amistad como algo precioso y exaltante, y los textos que escribió sobre sus amigos —como el artículo en *Combat* a la muerte de René Leynaud, resistente fusilado por los nazis— son los únicos en que se permitió a veces (algo a lo que era alérgico) revelar su intimidad. Demostró su fidelidad a sus amigos incluso en gestos insólitos, en él que era la mesura en todo, como dedicar varios libros, en distintas épocas, a una misma persona (su maestro Jean Grenier). Para dar una forma gráfica a su decepción de Francia, Jean-Baptiste Clamence le recuerda a su interlocutor, con melancolía, a esos amigos que, en los pueblos de Grecia, se pasean por las calles con las manos enlazadas: ¿se imagina usted, le dice, a un par de amigos paseándose hoy tomados de las manos por las calles de París?

Camus fue un hombre de la frontera, porque nació y vivió en ese borde tenso, áspero, donde se tocaban Europa y África, Occidente y el Islam, la civilización industrializada y el subdesarrollo. Esa experiencia de la periferia le dio a él, europeo, respecto de su propio mundo, de un lado, una adhesión más intensa que la de quien, por hallarse en el centro, mide mal o no ve la significación de la cultura a la que pertenece, y de otro, una intranquilidad, una conciencia del peligro, una preocupación por el debilitamiento de las bases mucho mayor que la de quien, precisamente porque se halla lejos de la frontera, puede despreocuparse de esos problemas, o, incluso, socavar suicidamente el suelo en que se apoya. No acuso a Camus de etnocentrismo, de menosprecio hacia las culturas del resto del mundo, porque él fue profundamente europeo en lo que Europa tiene de más universal. Pero es un hecho que Europa y los problemas europeos fueron la preocupación central de su obra;

esto no la empobrece, pero la enmarca, sí, dentro de límites precisos. Cuando Camus se ocupó de asuntos vinculados al Tercer Mundo —como la miseria de las cabilas o la represión colonial en Madagascar— lo hizo desde una perspectiva continental: para denunciar hechos que —era la acusación más grave que él profería— *deshonraban* a Europa. Por lo demás, su adhesión a la cultura occidental tiene raíces muy personales y hasta se podría decir únicas. Él no sólo está muy lejos de quienes, como Sartre, consideran esa cultura viciada de raíz y esperan su desplome, para, con ayuda de los condenados de la tierra, rehacer desde cero una cultura del hombre universal, sino también de aquellos que, como Jaspers, Malraux o Denis de Rougemont reivindican el legado europeo en bloque y quisieran conservarlo en su integridad. La Europa que Camus defiende, aquella que quisiera salvar, vigorizar, ofrecer como modelo al mundo, es la Europa de un pagano moderno y meridional, que se siente heredero y defensor de valores que supone venidos de la Grecia clásica: el culto a la belleza artística y el diálogo con la naturaleza, la mesura, la tolerancia y la diversidad social, el equilibrio entre el individuo y la sociedad, un democrático reparto de funciones entre lo racional y lo irracional en el diseño de la vida y un respeto riguroso de la libertad. De esta utopía relativa (como él la llamó) han sido despedidos, por lo pronto, el cristianismo y el marxismo. Camus siempre fue adversario de ambos porque, a su juicio, uno y otro, por razones distintas, rebajan la dignidad humana. Nada lo indignaba tanto como que críticos católicos o comunistas lo llamaran pesimista. En una conferencia de 1948, en la sala Pleyel, les respondió con estas palabras: «¿Con qué derecho un cristiano o un marxista me acusa de pesimista? No he sido yo quien ha inventado la miseria de la criatura, ni las terribles fórmulas de la maldición divina. No he sido yo quien gritó *Nemo bonus* o proclamó la condenación de los niños sin bautismo. No he sido yo quien dijo que el hombre era incapaz de salvarse por sí mismo y que, en el fondo de su bajeza, no tenía otra esperanza que la gracia de Dios. ¡Y en cuanto al famoso optimismo marxista! Nadie ha ido tan lejos en la desconfianza respecto del hombre como el marxista, y, por lo demás, ¿acaso las fatalidades económicas de este universo no resultan todavía más terribles que los caprichos divinos?».

Esta filosofía humanista no acepta el infierno porque piensa que el hombre ha padecido ya todos los castigos posibles a lo largo de la historia y admite el paraíso pero a condición de realizarlo en este mundo. Lo humano es, para él, una totalidad donde cuerpo y espíritu tienen las mismas prerrogativas, donde está terminantemente prohibido, por ejemplo, que la razón o la imaginación se permitan una cierta superioridad sobre los sentidos o los músculos. (Camus, que fue un buen futbolista, declaró alguna vez: «Las mejores lecciones de moral las he recibido en los estadios»). Nunca desconfió de la razón, pero —y la historia de nuestros días ha confirmado sus temores— sostuvo siempre que si a ella sola se le asignaba la función de explicar y orientar al hombre, el resultado era lo inhumano. Por eso prefirió referirse a los problemas sociales de una manera concreta antes que abstracta. En el reportaje sobre las cabilas que hizo en 1939, cuando era periodista, escribió: «Siempre constituye un progreso que un problema político quede reemplazado por un problema humano». Vivió convencido de que la política era sólo una provincia de la experiencia humana, que ésta era más ancha y compleja que aquélla, y que si (como, por desgracia, ha pasado) la política se convertía en la primera y fundamental actividad, a la que se subordinaban todas las otras, la consecuencia era el recorte o el envilecimiento del individuo. Es en ese sentido que combatió lo que he llamado la idolatría de la historia. En un texto de 1948, «El destierro de Helena», dedicado a deplorar que Europa haya renegado de Grecia, escribió: «Colocando a la historia sobre el trono de Dios, marchamos hacia la teocracia, igual que aquellos a quienes los griegos llamaban bárbaros y a quienes combatieron en la batalla de Salamina». ¿Qué era lo que Camus se empeñó en preservar del ejemplo de esa Grecia, que, en su caso, es tan subjetiva y personal como fue la Grecia de Rubén Darío y de los modernistas? Respondió a esta pregunta en uno de los ensayos de *L'Été*: «Rechazar el fanatismo, reconocer la propia ignorancia, los límites del mundo y del hombre, el rostro amado, la belleza, en fin, he ahí el campo donde podemos reunirnos con los griegos». Rechazar el fanatismo, reconocer la propia ignorancia, los límites del mundo y del hombre: Camus postula esta propuesta en plena guerra fría, cuando el mundo entero era escenario de una pugna feroz entre fanatismos de distinto signo, cuando las ideologías de derecha y de izquierda se enfrentaban con el declarado propósito de conquistar la hegemonía y destruir al adversario. «Nuestra desgracia —escribiría en 1948— es que estamos en la época de las ideologías y de las ideologías totalitarias, es decir, tan seguras de ellas mismas, de sus razones imbéciles o de sus verdades estrechas, que no admiten otra salvación para el mundo que su propia dominación. Y querer dominar a alguien o a algo es ambicionar la esterilidad, el silencio o la muerte de ese alguien». Este horror del dogma, de todos los dogmas, es un fuego que llamea en el corazón mismo del pensamiento de Camus, el fundamento de su concepción de la libertad. Su convicción de que toda teoría que se presenta como absoluta —por ejemplo, el cristianismo o el marxismo— acaba tarde o temprano por justificar el crimen y la mentira, lo llevó a desarrollar esa *moral de los límites*, que es, sin duda, la más fértil y valiosa de sus enseñanzas. ¿En qué consiste? Él respondió así: «En admitir que un adversario puede tener razón, en dejarlo que se exprese y en aceptar reflexionar sobre sus argumentos» (febrero de 1947). A un periodista que le preguntaba en 1949 cuál era su posición política, le repuso: «Estoy por la pluralidad de posiciones. ¿Se podría organizar un partido de quienes no están seguros de tener razón? Ése sería el mío». No eran meras frases, una retórica de la modestia para lograr un efecto sobre un auditorio. Camus dio pruebas de la honestidad con que asumía esa actitud relativista y flexible, y así, por ejemplo, luego de polemizar con François Mauriac sobre la depuración que se llevaba a cabo en Francia, a la Liberación, contra los antiguos colaboradores de Alemania, humildemente tomó la iniciativa, pasado algún tiempo, de proclamar que era él quien se había equivocado y que Mauriac había tenido razón al deplorar los excesos que esa política cometió: «Aquellos que pretenden saberlo todo y resolverlo todo acaban siempre por matar», le recordó a Emmanuel d'Astier, en 1948.

Decir que Camus fue un demócrata, un liberal, un reformista, no serviría de gran cosa, o, más bien, sería contraproducente, porque esos conceptos han pasado —y ésa es, hay que reconocerlo, una de las grandes victorias conseguidas por las ideologías totalitarias—, en el mejor de los casos, a definir la ingenuidad política, y, en el peor, a significar las máscaras hipócritas del reaccionario y el explotador. Es preferible tratar de precisar qué contenido tuvieron en su caso esas posiciones. Básicamente, un rechazo frontal del totalitarismo, definido éste como un sistema social en el que el ser humano viviente deja de ser fin y se convierte en instrumento. La moral de los límites es aquella en la que desaparece todo antagonismo entre medios y fines, en la que son aquéllos los que justifican a éstos y no al revés. En un editorial de *Combat*, en la euforia reciente de la liberación de París, Camus expresó con claridad lo que lo oponía a buena parte de sus compañeros de la Resistencia: «Todos estamos de acuerdo sobre los fines, pero tenemos opiniones distintas sobre los medios. Todos deseamos con pasión, no hay duda, y con desinterés, la imposible felicidad de los hombres. Pero, simplemente, hay entre nosotros quienes creen que uno puede valerse de todo para lograr esa felicidad y hay quienes no lo creen así. Nosotros somos de estos últimos. Nosotros sabemos con qué rapidez los medios se confunden con los fines y por eso no queremos cualquier clase de justicia... Pues se trata, en efecto, de la salvación del hombre. Y de lograrla, no colocándose fuera de este mundo, sino dentro de la historia misma. Se trata de servir la dignidad del hombre a través de medios que sean dignos dentro de una historia que no lo es». El tema del totalitarismo, del poder autoritario, de los extremos de demencia a que puede llegar el hombre cuando violenta esa moral de los límites acosó toda su vida a Camus. Inspiró tres de sus obras de teatro —*Caligula*, *L'État de siège* y *Les Justes*—, el mejor de sus ensayos, *L'Homme révolté*, y su novela *La Peste*. Basta echar una mirada a la realidad de hoy para comprender hasta qué punto la obsesión de Camus con el terrorismo de Estado, la dictadura moderna, fue justificada y profética. Estas obras son complementarias, describen o interpretan diferentes aspectos de un mismo fenómeno. En *Caligula*, es el vértice de la pirámide quien ocupa la escena, ese hombrecillo banal al que, de pronto, la ascensión al poder convierte en Dios. El poder en libertad tiene su propia lógica, es una máquina que una vez puesta en funcionamiento no para hasta que todo lo somete o destruye. Dice Calígula: «Por lo demás, he decidido ser lógico, y, como tengo el poder, van ustedes a ver lo que les costará la lógica. Exterminaré a los contradictores y a las contradicciones». Y en otro momento: «Acabo de comprender la utilidad del poder. Él permite lo imposible. Hoy, y por todo el tiempo que venga, mi libertad no tendrá fronteras». Esas palabras, ¿no hubieran podido decirlas, en el momento que se estrenó la pieza, Hitler, Stalin, Mussolini o Franco? ¿No tendrían derecho a decirlas, hoy, Pinochet, Banzer, Somoza, y, en la otra frontera, Mao, Fidel, Kim Il-sung? También la libertad de esos semidioses carece de fronteras, también ellos pueden lograr lo imposible, conseguir la unanimidad social y materializar la verdad absoluta mediante el expediente rápido de exterminar a «los contradictores y a las contradicciones». En *La Peste* y en *L'État de siège* la dictadura está descrita de manera alegórica, no a través de quien la ejerce, sino de quienes la padecen. Allí vemos, bajo la apariencia de una epidemia, a esa libertad ilimitada del déspota que desciende sobre la ciudad como una infección, destruyendo, corrompiendo, estimulando la abyección y la cobardía, aislándola del resto del mundo, convirtiendo al conjunto de los hombres en una masa amorfa y vil y al mundo en un infierno donde sólo sobreviven los peores y siempre por las peores razones. *L'Homme révolté* es un análisis del espeluznante proceso teórico que ha conducido al nacimiento de las filosofías del totalitarismo, es decir, los mecanismos intelectuales por los que el Estado moderno ha llegado a darle al crimen y a la esclavitud una justificación histórica. El nazismo, el fascismo, el anarquismo, el socialismo, el comunismo, son los personajes de este deslumbrante drama, en el que vemos cómo, poco a poco, en una inversión casi mágica, las ideas de los hombres se emancipan de pronto de quienes las producen para, constituidas en una realidad autónoma, consistente y belicosa, precipitarse contra su antiguo amo para sojuzgarlo y destruirlo. La tesis de Camus es muy simple: toda la tragedia política de la humanidad comenzó el día en que se admitió que era lícito matar en nombre de una idea, es decir, el día en que se consintió en aceptar esa monstruosidad: que ciertos conceptos abstractos podían tener más valor e importancia que los seres concretos de carne y hueso. *Les Justes* es una obra de teatro, de naturaleza histórica, sobre un grupo de hombres que fascinó a Camus y cuyo pensamiento y hazañas (si se puede llamarlas así) constituyen también la materia de uno de los capítulos más emocionantes de *L'Homme révolté*: esos terroristas rusos de comienzos de siglo, desprendidos del partido socialista revolucionario, que practicaban el crimen político de una manera curiosamente moral: pagando con sus propias vidas las vidas que suprimían. Comparados a quienes vendrían después, a los asesinos por procuración de nuestros días, a esos verdugos filósofos que irritaban tanto a Camus («... tengo horror de esos intelectuales y de esos periodistas, con quienes usted se solidariza, que reclaman o aprueban las ejecuciones capitales, pero que se valen de los demás para llevar a cabo el trabajo», le dijo a Emmanuel d'Astier en su polémica), los justos resultaban en cierto modo dignos de algún respeto: su actitud significaba que tenían muy en alto el valor de la vida humana. El precio de matar, para ellos era caro: morir. En un artículo en *La Table Ronde*, titulado, muy gráficamente, «Los homicidas delicados», Camus resumió así lo que sería más tarde el tema de *Les Justes* y de *L'Homme révolté*: «Kaliayev, Voinarovski y los otros creían en la equivalencia de las vidas. Lo prueba el que no pongan ninguna idea por encima de la vida humana, a pesar de que matan por una idea. Para ser exacto, viven a la altura de la idea. Y, de una vez por todas, la justifican encarnándola hasta la muerte». Nos hallamos, pues, ante una concepción si no religiosa por lo menos metafísica de la rebelión. Después de ellos vendrán otros hombres, que, animados por la misma fe devoradora, juzgarán sin embargo que esos métodos son sentimentales y rechazarán «la opinión de que cualquier vida es equivalente a cualquier otra. Ellos, en cambio, pondrán por encima de la vida humana una idea a la cual, sometidos de antemano, decidirán, con total arbitrariedad, someter también a los otros. El problema de la rebelión ya no se resolverá de manera aritmética según el cálculo de las probabilidades. Frente a una futura realización de la idea, la vida humana puede ser todo o nada. Mientras más grande es la fe que el calculador vuelca en esta realización, menos vale la vida humana. En el límite, ella no vale nada. Y hoy hemos llegado al límite, es decir, al tiempo de los verdugos filósofos». En *Les Justes*, el terrorista irreprochable, Stepan, proclama, en las antípodas de Camus: «Yo no amo la vida, sino la justicia, que está por encima de la vida». ¿No es esta frase algo así como la divisa, hoy día, de todas las dictaduras ideológicas de izquierda como de derecha que existen sobre la tierra?

Sería injusto creer que el reformismo de Camus se contentaba con postular una libertad política y un respeto a los derechos del individuo a la discrepancia, olvidando que los hombres son también víctimas de otras «pestes», tanto o más atroces que la opresión. Camus sabía que la violencia tiene muchas caras, que ella también se aplica, y con qué crueldad, a través del hambre, de la explotación, de la ignorancia, que la libertad política vale poca cosa para alguien a quien se mantiene en la miseria, realiza un trabajo animal o vive en la incultura. Y sabía todo esto de una manera muy directa y personal porque, como dije al principio, era miembro de una minoría.

Había nacido *pied-noir*, entre ese millón de europeos que, frente a los siete millones de árabes argelinos, constituían una comunidad privilegiada. Pero esta comunidad de europeos no era homogénea, había en ella ricos, medianos y pobres y Camus pertenecía al último estrato. El mundo de su infancia y de su adolescencia fue miserable: su padre era un obrero y, cuando éste murió, su madre tuvo que ganarse la vida como sirvienta; su tío protector, el primero que lo hizo leer, era un carnicero anarquista. Pudo estudiar gracias a becas y, cuando contrajo la tuberculosis, se curó en instituciones de beneficencia. Palabras como «pobreza», «desamparo», «explotación» no fueron, para él, como para muchos intelectuales progresistas, nociones aprendidas en los manuales revolucionarios, sino experiencias vividas. Y, por eso, nada tan falso como acusar a Camus de insensibilidad frente al problema social. El periodista que hubo en él denunció muchas veces, con la misma claridad con que el ensayista combatió el terror autoritario, la injusticia económica, la discriminación y el prejuicio social. Una prueba de ello son las crónicas que en el año 1939 escribió bajo el título de *Misère de la Kabylie*, mostrando la terrible situación en que se encontraban las cabilas de Argelia, y que le valieron la expulsión del país. Por otra parte, en el pensamiento de Camus está implícitamente condenada la explotación económica del hombre con el mismo rigor que su opresión política. Y por las mismas razones: para ese humanismo que sostiene que el individuo sólo puede ser fin, nunca instrumento, el enemigo del hombre no es sólo quien lo reprime sino también quien lo explota para enriquecerse, no sólo quien lo encierra en un campo de concentración sino también el que hace de él una máquina de producir. Pero es verdad que, desde que se instaló en Francia, Camus se ocupó de la opresión política y moral con más insistencia que de esa opresión económica. Ocurre que aquel problema se planteaba para él de una manera más aguda (era, ya lo he dicho, un europeo cuyo material de trabajo era primordialmente la realidad europea), y, también, era el momento en que vivía: frente a la marea creciente de marxismo, de historicismo, de ideologismo, cuando todo se quería reducir al problema social —los años de la posguerra— la obra de Camus se fue edificando como un valeroso contrapeso, poniendo el énfasis en aquello que los otros desdeñaban u olvidaban: la moral.

Por otra parte, la experiencia de la miseria se refleja en otro aspecto de su pensamiento. De ella deriva, quizá, su predisposición hacia la vida natural, hacia cierta frugalidad de costumbres, su desprecio del lujo, el relente estoico que tiene su filosofía. Pero, en todo caso, de esa experiencia nace una convicción que, en el prefacio de *L'Envers et l'Endroit*, expresó así: «La miseria me impidió creer que todo está bien bajo el sol y la historia; el sol me enseñó que la historia no lo es todo». Es decir, le dio conciencia de que la injusticia económica impide aceptar el mundo tal como es, exige cambiarlo, pero, al mismo tiempo, le hizo saber que el hombre es algo más que una fuerza de trabajo y la menuda pieza de un mecanismo social, que cuando estos problemas se han resuelto hay todavía una dimensión importante de la vida que no ha sido tocada. La privación de bienes materiales, la insolvencia física, no es un obstáculo según Camus para que el hombre disfrute de ciertos privilegios —como la belleza y el mundo natural—, ni para que se atrofien en él o desaparezcan el gusto de la libertad y la aptitud para vivir con honor, es decir, para no mentir. (Es un punto en que me siento en desacuerdo con él, y el único rincón de su pensamiento en que se puede encontrar una notoria coincidencia con el cristianismo). Pero no hay duda que creyó esto profundamente pues lo afirmó de manera explícita. En 1944 escribió: «Europa es hoy miserable y su miseria es la nuestra. La falta de riquezas y de herencia material nos da tal vez una libertad en la que podremos entregarnos a esa locura que se llama la verdad». Y cuatro años más tarde, a Emmanuel d'Astier le dijo: «No he aprendido la libertad en Marx. Es cierto: la aprendí en la miseria».

Por otra parte, conviene tener presente que este crítico severo de las revoluciones planificadas por la ideología fue un rebelde y que su pensamiento legitima totalmente, por razones morales, el derecho del hombre a rebelarse contra la injusticia. ¿Qué diferencia hay, pues, entre revolución y rebeldía? ¿Ambas no desembocan acaso inevitablemente en la violencia? El revolucionario es, para Camus, aquel que pone al hombre al servicio de las ideas, el que está dispuesto a sacrificar al hombre que vive por el hombre que vendrá, el que hace de la moral una técnica gobernada por la política, el que prefiere la justicia a la vida y el que cree en el derecho de mentir y de matar en función del ideal. El rebelde puede mentir y matar pero sabe que no tiene derecho de hacerlo y que el hacerlo amenaza su causa, no admite que el mañana tenga privilegios sobre el presente, justifica los fines con los medios y hace que la política sea la consecuencia de una causa superior: la moral. Esta «utopía relativa» ¿resulta a simple vista demasiado remota? Tal vez sí, pero ello no la hace menos deseable, y sí más digna que otros modelos de acción contemporánea. Que éstos triunfen más rápido no es una garantía de su superioridad, porque la verdad de una empresa humana no puede medirse por razones de eficacia. Pero si se puede cuestionar la puntillosa limitación que para la acción rebelde propone Camus, no se puede desconocer —como lo hace, por ejemplo, Gaëtan Picon, tan estimable crítico en otras ocasiones, cuando lo acusa de haber predicado una filosofía de la no intervención— que fue, en la teoría y en la práctica, un anticonformista, un impugnador de lo establecido.

183

Uno de sus reproches más enérgicos contra el cristianismo fue, precisamente, que sofocaba el espíritu de rebeldía pues hacía una virtud de la resignación. En el primer volumen de *Actuelles* llegó a estampar esta frase tan dura: «El cristianismo, en su esencia, es una doctrina de la injusticia (y en ello reside su paradojal grandeza). Está fundado en el sacrificio del inocente y en la aceptación de ese sacrificio. La justicia, por el contrario —y acaba de demostrarlo París, en sus noches iluminadas con las llamas de la insurrección— es inseparable de la rebeldía».

Pertenecer a esa minoría de *pieds-noirs*, cuando estalló el movimiento de liberación argelino, fue motivo de un terrible desgarramiento para Camus. Él, que había luchado desde el año 1939 contra la injusticia y la discriminación de que eran víctimas los argelinos, intentó, durante un tiempo, defender una tercera posición imposible —la de una federación en la que ambas comunidades, la europea y la musulmana, tendrían una ancha autonomía— que rechazaban por igual unos y otros, y la orfandad de su posición quedó en evidencia, en 1959, cuando fue recibido con gritos hostiles por los *pieds-noirs* de Argel que lo consideraban un traidor a su causa (en tanto que los rebeldes lo acusaban de colonialista). Luego optó por el silencio. Aunque no aprobaba el terrorismo ni de unos ni de otros es posible que, en su fuero íntimo, admitiera que la independencia era la única salida justa del drama. Pero ocurre que esta justicia no podía realizarse sin que se cometiera, al mismo tiempo, una injusticia parcial, que lo tocaba en lo más íntimo: al tiempo que los musulmanes ganaban una patria, los *pieds-noirs* perdían la que había sido la suya desde hacía más de un siglo. Es decir, éstos pagaban en cierto modo la factura de un sistema colonial cuyos beneficiarios principales no habían sido los pobres diablos de Belcourt o de Babel-Oued (como su padre o su madre) sino los grandes industriales y comerciantes de la metrópoli. Este drama, que hizo tanto daño a Camus, creo que, a la larga, sin embargo, le fue provechoso y que la intuición de él dejó una impronta en su pensamiento. Hizo de él un hombre particularmente alerta y sensible a la existencia de las minorías, de los grupos marginales, cuyos derechos a la existencia, a la felicidad, a la palabra, a la libertad, defendió por eso con tanta o incluso más vehemencia que los de las mayorías. En este tiempo, en que, un poco en todas partes, vemos a las minorías —religiosas, culturales, políticas— amenazadas de desaparición o empeñadas en un combate difícil por la supervivencia, hay que destacar la vigencia de esta posición. No hay duda que, así como en el pasado libró batallas por las cabilas de Argelia o los grupos libertarios de Cataluña, hoy, en nuestros días, los vascos de España, los católicos de Irlanda del Norte o los kurdos del Irak, hubieran tenido en él a un decidido valedor.

Quiero terminar refiriéndome a un aspecto de las opiniones de Camus en que me hallo muy cerca de él. Me parece también de actualidad, en este tiempo en que la inflación del Estado, ese monstruo que día a día gana terreno, invade dominios que se creían los más íntimos y a salvo, suprimiendo las diferencias, estableciendo una artificiosa igualdad (eliminando, como Calígula, las contradicciones), alcanza también a muchos artistas y escritores que, sucumbiendo al espejismo de una buena remuneración y de ciertas prebendas, aceptan convertirse en burócratas, es decir, en instrumento del poder. Me refiero a la relación entre el creador y los príncipes que gobiernan la sociedad. Igual que Breton, igual que Bataille, Camus advierte también que existe entre ambos una distancia a fin de cuentas insalvable, que la función de aquél es moderar, rectificar, contrapesar la de éstos. El poder, todo poder, aun el más democrático y liberal del mundo, tiene en su naturaleza los gérmenes de una voluntad de perpetuación que, si no se controlan y combaten, crecen como un cáncer y culminan en el despotismo, en las dictaduras. Este peligro, en la época moderna, con el desarrollo de la ciencia y la tecnología, es un peligro mortal: nuestra época es la época de las dictaduras perfectas, de las policías con computadoras y psiquiatras. Frente a esta amenaza que incuba todo poder se levanta, como David frente a Goliat, un adversario pequeño pero pertinaz: el creador. Ocurre que en él, por razón misma de su oficio, la defensa de la libertad es no tanto un deber moral como una necesidad física, ya que la libertad es requisito esencial de su vocación, es decir, de su vida. En «El destierro de Helena» Camus escribió: «El espíritu histórico y el artista quieren, cada uno a su modo, rehacer el mundo. El artista, por una obligación de su naturaleza, conoce los límites que el espíritu histórico desconoce. He aquí por qué el fin de este último es la tiranía en tanto que la pasión del primero es la libertad. Todos aquellos que hoy luchan por la libertad vienen a combatir en última instancia por la belleza». Y en 1948, en una conferencia en la sala Pleyel, repitió: «En este tiempo en que el conquistador, por la lógica misma de su actitud, se convierte en verdugo o policía, el artista está obligado a ser un refractario. Frente a la sociedad política contemporánea, la única actitud coherente del artista, a menos que prefiera renunciar al arte, es el rechazo sin concesiones». Creo que en nuestros días, aquí en América Latina, aquí en nuestro propio país, ésta es una función difícil pero imperiosa para todo aquel que pinta, escribe o compone, es decir, aquel que, por su oficio mismo, sabe que la libertad es la condición primera de su existencia: conservar su independencia y recordar al poder, a cada instante y por todos los medios a su alcance, la moral de los límites.

Es posible que esta voz de Camus, la voz de la razón y de la moderación, de la tolerancia y la prudencia, pero también del coraje y de la libertad, de la belleza y el placer, resulte a los jóvenes menos exaltante y contagiosa que la de aquellos profetas de la aventura violenta y de la negación apocalíptica, como el Che Guevara o Frantz Fanon, que tanto los conmueven e inspiran. Creo que es injusto. Tal como están hoy las cosas en el mundo, los valores e ideas —por lo menos muchos de ellos— que Camus postuló y defendió han pasado a ser tan necesarios para que la vida sea vivible, para que la sociedad sea realmente humana, como los que aquéllos convirtieron en religión y por los que entregaron la vida. La experiencia moderna nos muestra que disociar el combate contra el hambre, la explotación, el colonialismo, del combate por la libertad y la dignidad del individuo es tan suicida y tan absurdo como disociar la idea de la libertad de la justicia verdadera, aquella que es incompatible con la injusta distribución de la riqueza y de la cultura. Integrar todo ello en una acción común, en una meta única, es seguramente una aventura muy difícil y riesgosa, pero sólo de ella puede resultar esa sociedad que habrá encarnado verdaderamente en este mundo, ese paraíso que los creyentes confían hallar en el otro y donde, como escribió Camus, «la vida será libre para cada uno y justa para todos». Para enrolarse en esa acción y mantenerla hasta la victoria, pese a la enorme incomprensión y hostilidad que uno está expuesto a sufrir desde las trincheras de uno y otro lado, puede ser invalorablemente útil la lectura, la relectura de Camus.

Lima, 18 de mayo de 1975

Los compañeritos

Francia ha celebrado por todo lo alto el centenario de Jean-Paul Sartre. Documentales, programas y debates sobre su legado intelectual y político en la radio y la televisión, suplementos especiales en los principales diarios y semanarios, una profusión de nuevos libros sobre su vida y su obra, y, florón de la corona, una exposición, «Sartre y su siglo», en la Biblioteca Nacional, que es un modelo en su género. Pasé cerca de tres horas recorriéndola y me quedó mucho por ver.

En ella se pueden seguir, paso a paso, con bastante objetividad, todos los pormenores de una vida que cubre el siglo XX (al que Bernard-Henri Lévy llamó, en su ensayo laudatorio, *El siglo de Sartre*) y cuyos libros, ideas y tomas de posición ejercieron una influencia, hoy día difícilmente imaginable, en Francia y buena parte del mundo. Una de las enseñanzas que el espectador saca de la exposición es comprobar lo precario de aquel magisterio sartreano, tan extendido hace cuatro décadas y hoy prácticamente extinguido. Todo está en aquellas vitrinas: desde cómo el niño descubrió su fealdad, a los diez años, en los ojos de su madre viuda y vuelta a casar, hasta su decisión, cuando era el estudiante estrella de la École Normale, de no renunciar a ninguna de sus dos vocaciones, la literatura y la filosofía, y ser «un Stendhal y un Spinoza al mismo tiempo». Antes de cumplir los cuarenta años lo había conseguido y, además, algo no deseado ni previsto por él, se había convertido en una figura mediática que aparecía en las revistas frívolas y era objeto de la curiosidad turística en Saint-Germain-des-Prés junto a Juliette Gréco y Édith Piaf, como uno de los íconos de la Francia de la posguerra.

Carteles y fotografías documentan los estrenos de sus obras teatrales, la aparición de sus libros, las críticas que éstos merecieron, las entrevistas que dio, la publicación de *Les Temps Modernes*, y allí están los manuscritos de sus ensayos filosóficos y de sus cuentos y novelas, que escribía en libretas escolares o papeles sueltos en los cafés, en una mesa aparte pero contigua a aquella en la que trabajaba su compañera «morganática», Simone de Beauvoir. Su polémica más sonada, con Albert Camus, sobre los campos de concentración soviéticos está muy bien expuesta, así como las repercusiones que este debate tuvo en el ámbito intelectual y político, dentro y fuera de Francia. También lo están sus viajes por medio mundo, sus amores fracturados con los comunistas, su combate anticolonial, su empeño para enrolarse en el movimiento de mayo del 68, y la radicalización extrema de sus últimos años, cuando iba a visitar a la cárcel a los terroristas alemanes, vendía por las calles el periódico de los maoístas parisinos o, ya ciego, trepado en un barril, peroraba a las puertas de las fábricas de Billancourt.

La exposición es espléndida y, para alguien como yo, que vivió muy de cerca buena parte de aquellos años y participó de esas polémicas, y dedicó muchas horas a leer los libros y los artículos de Sartre, a devorar todos los números de *Les Temps Modernes* y a tratar de seguir en sus churriguerescas vueltas y revueltas ideológicas al autor de *Los caminos de la libertad*, algo melancólica. Pero no creo que despierte en la gente joven de nuestro tiempo el menor interés en redescubrir a Sartre ni le gane a éste el más mínimo respeto o admiración. Porque, salvo en el tema del anticolonialismo, donde siempre mantuvo una posición lúcida, la exposición, pese a sus claros propósitos hagiográficos, revela lo ciego, torpe y equivocado que estuvo casi siempre Sartre en todas las posturas que defendió o atacó.

¿De qué le sirvió esa fulgurante inteligencia de que estaba dotado si, a su regreso de su gira por la URSS a mediados de los años cincuenta, en los años peores del Gulag, llegó a afirmar: «He comprobado que en la Unión Soviética la libertad de crítica es total»? En su polémica con Camus hizo algo peor que negar la existencia de los campos de concentración estalinistas para reales o supuestos disidentes; los justificó, en nombre de la sociedad sin clases que estaba construyéndose. Sus diatribas contra sus antiguos amigos como Maurice Merleau-Ponty o Raymond Aron, porque no aceptaron seguirlo en el papel de compañero de viaje de los comunistas que adoptó en distintos periodos, prueban que su afirmación estentórea «Todo anticomunista es un perro» no era una mera frase de circunstancias, sino una convicción profunda.

Parece mentira que alguien que, hace apenas medio siglo, justificaba, en su ensayo sobre Frantz Fanon, el terror como terapéutica gracias a la cual el colonizado recupera su soberanía y su dignidad, y que, proclamándose maoísta, proyectaba su respetabilidad y prestigio sobre el genocidio que se estaba cometiendo en China durante la Revolución Cultural, hubiera podido ser considerado, por tantos, la conciencia moral de su tiempo.

191

Mucho más discreta, para no decir clandestina, ha sido la celebración de los cien años de Raymond Aron, que prácticamente no ha salido de la catacumba académica. Él y Sartre fueron amigos y compañeros desde muy jóvenes y hay fotos que muestran a los dos *petits copains* abrazados, haciendo payasadas. Hasta el estallido de la Segunda Guerra Mundial siguieron una trayectoria idéntica. Luego, con la invasión nazi, Aron fue de los primeros franceses en viajar a Londres y unirse al general De Gaulle, a quien, sin embargo, criticaría con severidad durante su gobierno por lo que consideraba su propensión autoritaria. Siempre fue un decidido partidario de la construcción de Europa, pero, alejándose también en esto de buena parte de la derecha francesa, nunca creyó que la unidad europea debiera debilitar el atlantismo, la estrecha colaboración de Europa con los Estados Unidos.

A diferencia de la obra de Sartre, que ha envejecido a la par de sus opiniones políticas —sus novelas deben su originalidad técnica a John Dos Passos y, con excepción de *Huis clos*, sus dramas no pasarían hoy la prueba del escenario—, la de Aron conserva una lozana actualidad. Sus ensayos de filosofía de la historia, de sociología y su defensa tenaz de la doctrina liberal, de la cultura occidental y de la democracia y el mercado, en los años en que el grueso de la intelectualidad europea había sucumbido al canto de sirena del marxismo, enajenación que él describió magistralmente en 1957 en *El opio de los intelectuales*, han sido plenamente corroborados por lo sucedido en el mundo con la caída del Muro de Berlín, símbolo de la desaparición de la URSS, y la conversión de China en una sociedad capitalista autoritaria.

¿Por qué, entonces, el *glamour* del ilegible Sartre de nuestros días sigue intacto y a casi nadie parece seducir la figura del sensato y convincente Raymond Aron? (Los franceses lo expresaban en los años sesenta mediante esta oprobiosa afirmación: «Es preferible equivocarse con Sartre que tener razón con Aron»). La explicación tiene que ver con una de las características que en nuestro tiempo ha adquirido la cultura, contaminándose de teatralidad, al banalizarse y frivolizarse por su vecindad con la publicidad y la información. Vivimos en la civilización del espectáculo y los intelectuales y escritores que suelen figurar entre los más populares casi nunca lo son por la originalidad de sus ideas o la belleza de sus creaciones, o, en todo caso, no lo son nunca sólo por esas razones, intelectuales y literarias. Lo son sobre todo por su capacidad histriónica, la manera como proyectan y administran su imagen pública, por su exhibicionismo, sus payasadas, sus desplantes, sus insolencias, toda aquella dimensión bufa y ruidosa de la vida pública que hoy día hace las veces de rebeldía (en verdad tras ella se embosca por lo general el conformismo más absoluto) y de la que los medios pueden sacar partido, convirtiendo a sus autores, igual que a los artistas y a los cantantes, en espectáculo para la masa.

En la exposición de la Biblioteca Nacional aparece un aspecto de la biografía de Sartre que nunca se ha aclarado del todo. ¿Fue de veras un resistente contra el ocupante nazi? Perteneció a una de las muchas organizaciones de intelectuales de la Resistencia, sí, pero es obvio que esta pertenencia fue mucho más teórica que práctica, pues bajo la ocupación anduvo muy atareado: fue profesor, reemplazando incluso en un liceo a un educador expulsado de su puesto por ser judío —el episodio ha sido objeto de virulentas discusiones en los últimos meses—, y escribió y publicó todos sus libros y estrenó sus obras, aprobadas por la censura alemana. A diferencia de resistentes como Camus o Malraux, que se jugaron la vida en los años de la guerra, no parece que Sartre arriesgara demasiado con su militancia. ¿Tal vez inconscientemente quiso borrar ese incómodo pasado con las posturas cada vez más extremistas que adoptó luego de la liberación? No es imposible. Uno de los temas recurrentes de su filosofía fue el de la mala conciencia, que, según él, condiciona la vida burguesa, induciendo constantemente a hombres y mujeres de esta clase social a hacer trampas, a disfrazar su verdadera personalidad bajo máscaras mentirosas. En el mejor de sus ensayos, *San Genet, comediante y mártir*, ilustró con penetrante agudeza este sistema psicológico-moral por el cual, según él, el burgués se esconde de sí mismo, se niega y reniega todo el tiempo, huyendo de esa conciencia sucia que lo acusa. Tal vez sea cierto, en su caso. Tal vez, el temible despotricador de los demócratas, el anarcocomunista contumaz, el «mao» incandescente, era sólo un desesperado burgués multiplicando las poses para que nadie recordara la apatía y prudencia que mostró frente a los nazis cuando las papas quemaban y el compromiso no era una prestidigitación retórica sino una elección de vida o muerte.

Madrid, 1 de abril de 2005

Las batallas de Jean-François Revel

Una contribución valiosa de la Francia contemporánea, en el campo de las ideas, no han sido los estructuralistas ni los deconstruccionistas —que oscurecieron la crítica literaria hasta volverla poco menos que ilegible—, ni los «nuevos filósofos», más vistosos que consistentes, sino un periodista y ensayista político: Jean-François Revel (1924-2006). Sus libros y artículos, sensatos e iconoclastas, originales e incisivos, resultan refrescantes dentro de los estereotipos, prejuicios y condicionamientos que asfixiaron el debate ideológico de nuestro tiempo. Por su independencia moral, su habilidad para percibir cuándo la teoría deja de expresar la vida y comienza a traicionarla, su coraje para enfrentarse a las modas intelectuales y su defensa sistemática de la libertad en todos los terrenos donde ella es amenazada o desnaturalizada, Revel hace pensar en un George Orwell de nuestros días. Como el del inglés, su combate fue, también, bastante incomprendido y solitario.

Al igual que el autor de *1984*, las críticas más duras de Revel fueron disparadas hacia la izquierda y de ese lado recibió también los peores ataques. Es sabido que el odio más fuerte, en la vida política, es el que despierta el pariente más cercano. Porque si alguien se ha ganado con justicia ese título, hoy tan prostituido, de «progresista» en el campo intelectual fue él, cuyo empeño estuvo orientado a remover los clisés y las rutinas mentales que impedían a las vanguardias políticas contemporáneas entender cabalmente los problemas sociales y proponer para ellos soluciones que fueran a la vez radicales y posibles. Para llevar a cabo esta tarea de demolición, Revel, como Orwell en los años treinta, optó por una actitud relativamente sencilla, pero que pocos pensadores de izquierda de nuestros días han practicado: el regreso a los hechos, la subordinación de lo pensado a lo vivido. Decidir en función de la experiencia concreta la validez de las teorías políticas resulta hoy poco menos que revolucionario, pues la costumbre que ha cundido y que, sin duda, ha sido la rémora mayor de la izquierda contemporánea, es la opuesta: determinar a partir de la teoría la naturaleza de los hechos, lo que conduce generalmente a deformar éstos para que coincidan con aquélla. Nada más absurdo que creer que la verdad desciende de las ideas a las acciones humanas y no que son éstas las que nutren a aquéllas con la verdad, pues el resultado de esa creencia es el divorcio de unas y otras y eso es todavía lo más característico (sobre todo en los países del llamado Tercer Mundo) de las ideologías de izquierda, que suelen impresionar, sobre todo, por su furiosa irrealidad.

Lo novedoso, en Revel, era que los hechos le interesaban más que las teorías y que nunca tuvo el menor empacho en refutarlas y negarlas si encontraba que no eran confirmadas por la realidad. Tiene que ser muy profunda la enajenación política en la que vivimos para que alguien que se limitaba a introducir el sentido común en la reflexión sobre la vida social —pues no es otra cosa obstinarse en someter las ideas a la prueba de fuego de la experiencia concreta— apareciera como un dinamitero intelectual.

Un ejemplo es el escándalo que causó *La tentación totalitaria*, en 1976, demostración persuasiva —con datos al alcance de todo el mundo pero que el mundo no se había tomado hasta entonces el trabajo de sopesar— de esta conclusión inesperada: que el principal obstáculo para el triunfo del socialismo en el planeta no era el capitalismo sino el comunismo. Además de lúcido, se trataba de un libro estimulante, pues, pese a ser una crítica despiadada de los países y partidos comunistas, no daba la sensación de un ensayo reaccionario, a favor del inmovilismo, sino lo contrario: un esfuerzo por reorientar en la buena dirección la lucha por el progreso de la justicia y la libertad en el mundo, un combate que se había apartado de su ruta y había olvidado sus fines más por deficiencias internas de la izquierda que por el poderío y habilidad del adversario. Muy parecido también en esto a Orwell, Revel alcanzaba sus momentos más sugestivos cuando se entregaba a una operación que tiene algo de masoquista: la autocrítica de las taras y enfermedades que la izquierda dejó prosperar en su seno hasta anquilosarse intelectualmente: su fascinación por la dictadura, su ceguera frente a las raíces del totalitarismo, el complejo de inferioridad frente al Partido Comunista, su ineptitud para formular proyectos socialistas claramente distintos del modelo estaliniano. Pese a ciertas páginas pesimistas, el libro de Revel traía un mensaje constructivo, en su empeño por presentar el reformismo como el camino más corto y transitable para lograr los objetivos sociales revolucionarios y en su defensa de la socialdemocracia como sistema que ha probado en los hechos ser capaz de desarrollar simultáneamente la justicia social y económica y la democracia política. Es un libro que nos hizo bien leer en el

Perú, en los setenta, pues apareció en momentos en que vivíamos en carne propia algunos de los males cuyos mecanismos denunciaba. El régimen del general Velasco Alvarado acababa de estatizar la prensa diaria y suprimir toda tribuna crítica en el país y, sin embargo, la izquierda internacional lo celebraba como progresista y justiciero. Eran los días en que los exiliados políticos peruanos —apristas y populistas— se veían prohibidos de presentar su caso en el Tribunal Russell sobre violación de derechos humanos en América Latina que se reunió en Roma, pues, según hicieron saber los organizadores, su situación no podía compararse a la de las víctimas de las dictaduras chilena y argentina: ¿acaso no era, el peruano, un régimen militar «progresista»?

Al mismo tiempo que un socialdemócrata y un liberal, había en Revel un libertario que corregía y mejoraba a aquél, y ello se advierte sobre todo en *Ni Marx ni Jesús* (1970), un libro tan divertido como insolente y sagaz. Lo que allí sostenía, con ejemplos significativos, era sorprendente. Que las manifestaciones más importantes de rebeldía social e intelectual en el mundo contemporáneo se habían producido al margen de los partidos políticos de izquierda y no en los países socialistas sino en la ciudadela del capitalismo. La revolución, esclerotizada en las naciones y partidos «revolucionarios», está viva, decía Revel, por obra de movimientos como el de los jóvenes que en los países industrializados cuestionan de raíz instituciones que se creían intocables —la familia, el dinero, el poder, la moral— y por el despertar político de las mujeres y de las minorías culturales y sexuales que luchan por hacer respetar sus derechos y deben para ello atacar los cimientos sobre los que funciona la vida social desde hace siglos.

También en lo que concierne al problema de la información, los análisis de Revel no podían haber sido más oportunos. Cada día tenemos pruebas flagrantes de que es cierta su afirmación según la cual «la gran batalla del final del siglo XX, aquella de la cual depende el resultado de todas las demás, es la batalla contra la censura». Cuando cesa la libertad para expresarse libremente, en el seno de una sociedad o de una institución cualquiera, todo lo demás comienza a descomponerse. No sólo desaparece la crítica, sin la cual todo sistema u organismo social se tulle y corrompe, sino que esa deformación es interiorizada por los individuos como una estrategia de supervivencia y, consecuentemente, todas las actividades (salvo, tal vez, las estrictamente técnicas) reflejan el mismo anquilosamiento. Ésa es, en último término, sostenía Revel, la explicación de la crisis de la izquierda en el mundo: haber perdido la práctica de la libertad y no sólo por culpa de la represión que le infligía el adversario exterior sino por haber hecho suya la convicción suicida de que la eficacia es incompatible con aquélla. «Todo poder es o se vuelve de derecha —escribía Revel—. Sólo lo convierte en izquierda el control que se ejerce sobre aquél». Y sin libertad no hay control.

El libro de Jean-François Revel que, después de *La tentación totalitaria*, le dio más prestigio en todo el mundo fue *Cómo terminan las democracias* (1983). Lo leí en los intervalos de un congreso de periodistas en Cartagena, Colombia. Para escapar a las interrupciones, me refugiaba en la playa del hotel, bajo unos toldos que daban al lugar una apariencia beduina. Una tarde, alguien me dijo: «¿Está usted leyendo a esa Casandra moderna?». Era un profesor de la Universidad de Stanford, que había leído *Comment les démocraties finissent* hacía poco. «Quedé tan deprimido que tuve pesadillas una semana», añadió. «Pero es verdad que no hay manera de soltarlo».

No, no la hay. Como cuando era escolar y leía a Verne y a Salgari en la clase de matemáticas, pasé buena parte de las sesiones de aquel congreso sumergido en las argumentaciones de Revel, disimulando el libro con copias de discursos. Continué leyéndolo en el interminable vuelo trasatlántico que me llevó a Londres. Lo terminé cuando el avión tocaba tierra. Era una mañana soleada y el campo inglés, entre Heathrow y la ciudad, lucía más verde y civilizado que nunca. Llegar a Inglaterra me ha producido siempre una sensación de paz y de confianza, de vida vivible, de poner los pies en un mundo en el que, a pesar de los problemas y crisis, un sustrato de armonía y solidaridad social permite que las instituciones funcionen y que conceptos como respeto a la ley, libertad individual, derechos humanos, tengan substancia y sentido. Era deprimente, en efecto. ¿Estaba, todo aquello, condenado a desaparecer en un futuro más o menos próximo? ¿Sería la Inglaterra del futuro ese reino de la mentira y el horror que describió Orwell en *1984*?

El lector de *Cómo terminan las democracias* emerge de sus páginas con la impresión de que —salvo un cambio tan radical como improbable en los países liberales— pronto se cerrará ese «breve paréntesis», terminará ese «accidente» que habrá sido la democracia en la evolución de la humanidad y que el puñado de países que degustaron sus frutos volverán a confundirse con los que nunca salieron de la ignominia del despotismo que ha acompañado a los hombres desde los albores de la historia.

¿Una Casandra moderna? Revel, panfletario en el alto sentido literario y moral que tiene el término en la cultura francesa, un heredero de esa tradición de polemistas e iconoclastas que encarnaron los enciclopedistas, escribía con elegancia, razonaba con solidez y conservaba una curiosidad alerta por lo que ocurría en el resto del mundo, algo que fue una característica mayor de la vida intelectual en Francia y que, por desgracia, muchos intelectuales franceses contemporáneos parecen haber perdido. Sorprendía en este ensayo la exactitud de las referencias a América Latina, lo bien documentados que estaban los ejemplos de Venezuela, Perú, República Dominicana, Cuba y El Salvador. Todos los libros de Revel han sido heterodoxos, desde aquel que inauguró la serie —*¿Para qué los filósofos?*—, devastadora crítica a los entonces intocables existencialistas. Pero *Cómo terminan las democracias* tenía, además de fuerza persuasiva, ironía y agudos análisis, algo de lo que adolecían los otros: un pesimismo sobrecogedor.

La tesis del libro era que el comunismo soviético había ganado prácticamente la guerra al Occidente democrático, destruyéndolo psicológica y moralmente, mediante la infiltración de bacterias nocivas que, luego de paralizarlo, precipitarían su caída como una fruta madura. La responsabilidad de este proceso estaba, según Revel, en las propias democracias, que, por apatía, inconsciencia, frivolidad, cobardía o ceguera, habían colaborado irresponsablemente con su adversario en labrar su ruina.

Revel cartografiaba el impresionante crecimiento del dominio soviético en Europa, Asia, África y América Latina y lo que él creía el carácter irreversible de esta progresión. Una vez que un país cae dentro de su zona de influencia, los países occidentales —decía— consagran este episodio como definitivo e intocable, sin tener para nada en cuenta el parecer de los habitantes del país en cuestión. ¿Alguien, en Washington o Londres, se hubiera atrevido a comienzos de los ochenta a hablar de «liberar» a Polonia sin ser considerado inmediatamente como un pterodáctilo empeñado en precipitar una guerra nuclear por sus provocaciones contra la URSS? Moscú, en cambio, no estaba maniatado por escrúpulos equivalentes. Su política de ayudar a los países a «liberarse» del capitalismo era coherente, permanente, no estorbada por ningún género de oposición interna, y adoptaba múltiples tácticas. La intervención directa de sus tropas, como en Afganistán; la intervención indirecta, mediante tropas cubanas o alemanas orientales, como en Angola y Etiopía; la ayuda militar, económica y publicitaria, como en Vietnam y en los países donde había procesos guerrilleros y terroristas que, no importa cuál fuera su línea ideológica, servían a la estrategia global de la URSS.

Al terminar la Segunda Guerra Mundial, la superioridad militar de los países occidentales sobre la Unión Soviética era aplastante. En la década de los ochenta era al revés. La primacía soviética resultaba enorme en casi todos los dominios, incluido el nuclear. Este formidable armamentismo no había tenido el menor obstáculo interno para materializarse: los ciudadanos de la URSS ni siquiera tenían idea cabal de que ocurría. En Occidente, en cambio, el movimiento pacifista, en contra de las armas nucleares y a favor del desarme unilateral, había alcanzado proporciones considerables y contaminaba a grandes partidos democráticos, como el laborismo inglés y la socialdemocracia alemana.

La demostración de Revel abarcaba los dominios diplomático, político, cultural y periodístico. Las páginas más incisivas describían la eficacia con que la URSS llevó a cabo la batalla de la desinformación en Occidente. Prueba de que la ganó, afirmaba Revel, eran esos cientos de miles de demócratas que salían a protestar en las ciudades norteamericanas, inglesas, francesas, escandinavas, contra la «intervención yanqui» en El Salvador —donde había cincuenta asesores norteamericanos— y a quienes jamás se les hubiera pasado por la cabeza protestar del mismo modo contra los ciento treinta mil soldados soviéticos de Afganistán o los treinta mil cubanos en Angola.

¿Creía alguien todavía, en Occidente, que la democracia sirve para algo?, se preguntaba. A juzgar por la manera como sus intelectuales, dirigentes políticos, sus sindicatos, órganos de prensa, autocritican el sistema, manteniéndolo bajo una continua y despiadada penalización, parecería que habían interiorizado las críticas formuladas contra él por sus enemigos. ¿Qué otra cosa explicaría el uso tramposo de fórmulas como «guerra fría», vinculada siempre a Occidente —cuando fue en ese periodo que la URSS alcanzó la supremacía militar—, así como «colonialismo» y «neocolonialismo», que sólo parecen tener sentido si se las asocia con los países occidentales y jamás con la URSS? En tanto que, en la subsconciencia de Occidente, las nociones de «liberación», «anticolonialismo», «nacionalismo» parecían invenciblemente ligadas al socialismo y a lo que representa Moscú.

La tremenda amonestación de Revel contra las democracias me pareció en buena parte fundada, pero excesivamente pesimista. Es cierto que desconsolaba ver hasta qué extremo se había perdido en estos países el entusiasmo y la convicción en la defensa de la libertad, del sistema que trajo a sus ciudadanos formas y niveles de vida que no se conocieron jamás en el pasado y que no conocen tampoco, ni remotamente, los que viven bajo dictaduras.

El problema que planteaba Revel en ese libro parecía casi insoluble. La única manera como la democracia podría conjurar el peligro que señalaba sería renunciando a aquello que la hace preferible a un sistema totalitario: al derecho a la crítica, a la fiscalización del poder, al pluralismo, a ser una sociedad abierta. Es porque en ella hay libertad de prensa, lucha política, elecciones, contestación, que sus enemigos pueden «infiltrarla» con facilidad, manipular su información, instrumentalizar a sus intelectuales y políticos. Pero si, para evitar este riesgo, una democracia robustece el poder y los sistemas de control, sus enemigos también ganan, imponiéndole sus métodos y costumbres.

¿No había esperanza, entonces? ¿Veríamos los hombres de mi generación al mundo entero uniformado en una barbarie con misiles y computadoras? Afortunadamente no fue así. Por dos razones que, me parece, Revel no sopesó suficientemente. La primera: la superioridad económica, científica y tecnológica de las democracias occidentales. Esta ventaja —pese al poderío militar soviético— se fue acentuando, mientras la censura continuaba regulando la vida académica de la URSS y la planificación burocrática seguía asfixiando su agricultura y su industria. Y la segunda: los factores internos de desagregación del imperio soviético. Cuando uno leía en esos mismos años a sus disidentes, o los manifiestos de los obreros polacos, descubría que allá, tras la cortina de hierro, pese a la represión y a los riesgos, alentaba, creciente, vívido, ese amor a la libertad que parecía haberse apolillado entre los ciudadanos de los países libres.

Después de la muerte de Jean-Paul Sartre y de Raymond Aron, Jean-François Revel pasó a ejercer en Francia ese liderazgo intelectual, doblado de magistratura moral, que es la institución típicamente francesa del mandarinato. Conociendo su escaso apetito publicitario y su recelo ante cualquier forma de superchería, me imagino lo incómodo que debió sentirse en semejante trance.

Pero ya no tenía manera de evitarlo: sus ideas y sus pronósticos, sus tomas de posición y sus críticas habían ido haciendo de él un *maître à penser* que fijaba los temas y los términos del debate político y cultural, en torno a quien, por aproximación o rechazo, se definen ideológica y éticamente los contemporáneos. Sin el «mandarín», la vida intelectual francesa nos parecería deshuesada e informe, un caos esperando la cristalización.

Cada libro nuevo de Revel provocaba polémicas que trascendían el mundo de los especialistas, porque sus ensayos mordían carne en asuntos de ardiente actualidad y contenían siempre severas impugnaciones contra los tótems entronizados por las modas y los prejuicios reinantes. El que publicó en 1988, *El conocimiento inútil*, fue materia de diatribas y controversias por lo despiadado de su análisis y, sobre todo, por lo maltratados que salían de sus páginas algunos intocables de la cultura occidental contemporánea. Pero, por encima de la chismografía y lo anecdótico, *El conocimiento inútil* fue leído y asimilado por decenas de miles de lectores en todo el mundo, pues se trata de uno de esos libros que, por la profundidad de su reflexión, su valentía moral y lo ambicioso de su designio, constituyen —como lo fueron, en su momento, *1984*, de Orwell, y *El cero y el infinito*, de Koestler— el revulsivo de una época.

La tesis que *El conocimiento inútil* desarrolla es la siguiente: no es la verdad, sino la mentira, la fuerza que mueve a la sociedad de nuestro tiempo. Es decir, a una sociedad que cuenta, más que ninguna otra en el largo camino recorrido por la civilización, con una información riquísima sobre los conocimientos alcanzados por la ciencia y la técnica que podrían garantizar, en todas las manifestaciones de la vida social, decisiones racionales y exitosas. Sin embargo, sostenía Revel, no es así. El prodigioso desarrollo del conocimiento, y de la información que lo pone al alcance de aquellos que quieren darse el trabajo de aprovecharla, no ha impedido que quienes organizan la vida de los demás y orientan la marcha de la sociedad sigan cometiendo los mismos errores y provocando las mismas catástrofes, porque sus decisiones continúan siendo dictadas por el prejuicio, la pasión o el instinto antes que por la razón, como en los tiempos que (con una buena dosis de cinismo) nos atrevemos todavía a llamar bárbaros.

El alegato de Revel iba dirigido, sobre todo, contra los *intelectuales* de las sociedades desarrolladas del Occidente liberal, las que han alcanzado los niveles de vida más elevados y las que garantizan mayores dosis de libertad, cultura y esparcimiento para sus ciudadanos de los que haya logrado jamás civilización alguna. Los peores y acaso más nocivos adversarios de la sociedad liberal no son, decía Revel, sus adversarios del exterior —los regímenes totalitarios del Este y las satrapías *progresistas* del Tercer Mundo—, sino ese vasto conglomerado de objetores internos que constituyen la *intelligentsia* de los países libres y cuya motivación preponderante parecería ser el odio a la libertad tal como ésta se entiende y practica en las sociedades democráticas.

El aporte de Gramsci al marxismo consistió, sobre todo, en conferir a la *intelligentsia* la función histórica y social que en los textos de Marx y de Lenin era monopolio de la clase obrera. Esta función fue letra muerta en las sociedades marxistas, donde la clase intelectual —como la obrera, por lo demás— era mero instrumento de la «élite» o «nomenclatura» que había expropiado todo el poder en provecho propio. Leyendo el ensayo de Revel, uno llegaba a pensar que la tesis gramsciana sobre el papel del «intelectual progresista» como modelador y orientador de la cultura sólo alcanzaba una confirmación siniestra en las sociedades que Karl Popper llamó «abiertas». Digo «siniestra» porque la consecuencia de ello, para Revel, era que las sociedades libres habían perdido la batalla ideológica ante el mundo totalitario y podían, en un futuro no demasiado remoto, perder también la otra, la que las privaría de su más preciado logro: la libertad.

Si formulada así, en apretada síntesis, la tesis de Revel parecía excesiva, cuando el lector se sumergía en las aguas hirvientes de *El conocimiento inútil* —un libro donde el brío de la prosa, lo acerado de la inteligencia, la enciclopédica documentación y los chispazos de humor sarcástico se conjugan para hacer de la lectura una experiencia hipnótica— y se enfrentaba a las demostraciones concretas en que se apoya, no podía dejar de sentir un estremecimiento. ¿Eran éstos los grandes exponentes del arte, de la ciencia, de la religión, del periodismo, de la enseñanza del mundo llamado libre?

Revel mostraba cómo el afán de desacreditar y perjudicar a los gobiernos propios —sobre todo si éstos, como era el caso de los de Reagan, la señora Thatcher, Kohl o Chirac, eran de «derecha»— llevaba a los grandes medios de comunicación occidentales —diarios, radios y canales de televisión— a manipular la información, hasta llegar a veces a legitimar, gracias al prestigio de que gozan, flagrantes mentiras políticas. La desinformación, decía Revel, era particularmente sistemática en lo que concierne a los países del Tercer Mundo catalogados como «progresistas», cuya miseria endémica, oscurantismo político, caos institucional y brutalidad represiva eran atribuidos, por una cuestión de principio —acto de fe anterior e impermeable al conocimiento objetivo—, a pérfidas maquinaciones de las potencias occidentales o a quienes, en el seno de esos países, defendían el modelo democrático y luchaban contra el colectivismo, los partidos únicos y el control de la economía y la información por el Estado.

Los ejemplos de Revel resultaban escalofriantes porque los medios de comunicación con los que ilustraba su alegato parecían los más libres y los técnicamente mejor hechos del mundo: *The New York Times*, *Le Monde*, *The Guardian*, *Der Spiegel*, etcétera, y cadenas como la CBS norteamericana o la Televisión Francesa. Si en estos órganos, que disponen de los medios materiales y profesionales más fecundos para verificar la verdad y hacerla conocer, ésta era a menudo ocultada o distorsionada en razón del *parti pris* ideológico, ¿qué se podía esperar de los medios de comunicación abiertamente alineados —los de los países con censura, por ejemplo— o los que disponían de condiciones materiales e intelectuales de trabajo mucho más precarias? Quienes viven en países subdesarrollados saben muy bien qué se puede esperar: que, en la práctica, las fronteras entre información y ficción —entre la verdad y la mentira— se evaporen constantemente en los medios de comunicación de modo que sea imposible conocer con objetividad lo que ocurre a nuestro alrededor.

Las páginas más alarmantes del libro de Revel señalaban cómo la pasión ideológica podía llevar, en el campo científico, a falsear la verdad con la misma carencia de escrúpulos que en el periodismo. La manera en que, en un momento dado, fue desnaturalizada, por ejemplo, la verdad sobre el sida, con la diligente colaboración de eminentes científicos norteamericanos y europeos a fin de enlodar al Pentágono —en una genial operación publicitaria que, a la postre, se revelaría programada por la KGB—, probaba que no hay literalmente reducto del conocimiento —ni siquiera las ciencias exactas— donde no pueda llegar la ideología con su poder distorsionador a entronizar mentiras útiles para la causa.

Para Revel no había duda alguna: si la «sociedad liberal», aquella que ha ganado en los hechos la batalla de la civilización, creando las formas más humanas —o las menos inhumanas— de existencia en toda la historia, se desmoronaba y el puñado de países que habían hecho suyos los valores de libertad, de racionalidad, de tolerancia y de legalidad volvían a confundirse en el piélago de despotismo político, pobreza material, brutalidad, oscurantismo y prepotencia —que fue siempre, y sigue siendo, la suerte de la mayor parte de la humanidad—, la responsabilidad primera la tendrá ella misma, por haber cedido —sus vanguardias culturales y políticas, sobre todo— al canto de la sirena totalitaria y por haber aceptado los ciudadanos libres este suicidio sin reaccionar.

No todas las imposturas que *El conocimiento inútil* denunciaba eran políticas. Algunas afectan la propia actividad cultural, degenerándola íntimamente. ¿No hemos tenido muchos lectores no especializados, en estas últimas décadas, leyendo —tratando de— a ciertas supuestas eminencias intelectuales de la hora, como Lacan, Althusser, Teilhard de Chardin o Jacques Derrida, la sospecha de un fraude, es decir, de unas laboriosas retóricas cuyo hermetismo ocultaba la banalidad y el vacío? Hay disciplinas —la lingüística, la filosofía, la crítica literaria y artística, por ejemplo— que parecen particularmente dotadas para propiciar el embauque que muda mágicamente la cháchara pretenciosa de ciertos arribistas en ciencia humana de moda. Para salir al encuentro de este género de engaños hace falta no sólo el coraje de atreverse a nadar contra la corriente; también, la solvencia de una cultura que abrace muchas ramas del saber. La genuina tradición del humanismo, que Revel representaba tan bien, es lo único que puede impedir, o atemperar sus estropicios en la vida cultural de un país, esas deformaciones —la falta de ciencia, el seudoconocimiento, el artificio que pasa por pensamiento creador— que son síntoma inequívoco de decadencia.

En el capítulo titulado significativamente «El fracaso de la cultura», Revel sintetizaba de este modo su terrible autopsia: «La gran desgracia del siglo XX es haber sido aquel en el que el ideal de la libertad fue puesto al servicio de la tiranía, el ideal de la igualdad al servicio de los privilegios y todas las aspiraciones, todas las fuerzas sociales reunidas originalmente bajo el vocablo de "izquierda", embridadas al servicio del empobrecimiento y la servidumbre. Esta inmensa impostura ha falsificado todo el siglo, en parte por culpa de algunos de sus más grandes intelectuales. Ella ha corrompido hasta en sus menores detalles el lenguaje y la acción política, invertido el sentido de la moral y entronizado la mentira al servicio del pensamiento».

Recuerdo haber leído este libro de Revel con una fascinación que hace tiempo no sentía por novela o ensayo alguno. Por el talento intelectual y el coraje moral de su autor y, también, porque compartía muchos de sus temores y sus cóleras sobre la responsabilidad de tantos intelectuales —y, a veces, de los más altos— en los desastres políticos de nuestro tiempo: la violencia y la penuria que acompañan siempre el asesinato de la libertad.

Si la «traición de los clérigos» alcanzó en el mundo de las democracias desarrolladas las dimensiones que denunciaba Revel, ¿qué decir de lo que ocurría en los países pobres e incultos, donde aún no se acaba de decidir el modelo social? Entre ellos se reclutan los aliados más prestos, los cómplices más cobardes y los propagandistas más abyectos de los enemigos de la libertad, al extremo de que la noción misma de «intelectual», entre nosotros, llega a veces a tener un tufillo caricatural y deplorable. Lo peor de todo es que, en los países subdesarrollados, la «traición de los clérigos» no suele obedecer a opciones ideológicas, sino, en la mayoría de los casos, a puro oportunismo: porque ser «progresista» es la única manera posible de escalar posiciones en el medio cultural —ya que el *establishment* académico o artístico es casi siempre de izquierda— o, simplemente, de medrar (ganando premios, obteniendo invitaciones y hasta becas de la Fundación Guggenheim). No es una casualidad ni un perverso capricho de la historia que, por lo general, nuestros más feroces intelectuales «antiimperialistas» latinoamericanos terminen de profesores en universidades norteamericanas.

Y, sin embargo, pese a todo ello, soy menos pesimista sobre el futuro de la «sociedad abierta» y de la libertad en el mundo de lo que lo era en ese libro Jean-François Revel. Mi optimismo se cimienta en esta convicción antigramsciana: no es la *intelligentsia* la que hace la historia. Por lo general, los pueblos —esas mujeres y hombres sin cara y sin nombre, las «gentes del común», como los llamaba Montaigne— son mejores que la mayoría de sus intelectuales: más sensatos, más democráticos, más libres, a la hora de decidir sobre asuntos sociales y políticos. Los reflejos del hombre sin cualidades, a la hora de optar por el tipo de sociedad en que quiere vivir, suelen ser racionales y decentes. Si no fuera así, no habría en América Latina la cantidad de gobiernos civiles que hay ahora ni habrían caído tantas dictaduras en las últimas dos décadas. Y tampoco sobrevivirían tantas democracias a pesar de la crisis económica y los crímenes de la violencia política. La ventaja de la democracia es que en ella el sentir de esas «gentes del común» prevalece tarde o temprano sobre el de las «élites». Y su ejemplo, poco a poco, puede contagiar y mejorar el entorno. ¿No era esto lo que indicaban, al mismo tiempo que se publicaba *El conocimiento inútil*, esas tímidas señales de apertura en la ciudadela totalitaria de la llamada *perestroika*?

En todo caso, no estaba todo perdido para las sociedades abiertas cuando en ellas había todavía intelectuales capaces de pensar y escribir libros como los de Jean-François Revel.

Todos los que escribió fueron interesantes y polémicos, pero sus memorias, que aparecieron en 1997 con el enigmático título de *El ladrón en la casa vacía*, fueron, además, risueñas, una desenfadada confesión de pecadillos, pasiones, ambiciones y frustraciones, escrita en un tono ligero y a ratos hilarante por un marsellés al que las travesuras de la vida apartaron de la carrera universitaria con que soñó en su juventud y convirtieron en ensayista y periodista político.

Ese cambio de rumbo a él parecía provocarle cierta tristeza retrospectiva. Sin embargo, desde el punto de vista de sus lectores, no fue una desgracia, más bien una suerte, que, por culpa de Sartre y una guapa periodista a la que embarazó cuando era muy joven, debiera abandonar sus proyectos académicos y partir a México y luego a Italia a enseñar la lengua y la cultura francesas. Decenas de profesores de filosofía de su generación languidecieron en las aulas universitarias enseñando una disciplina que, con rarísimas excepciones (una de ellas, Raymond Aron, de quien Revel trazó en ese libro un perfil cariñosamente perverso), se ha especializado de tal modo que parece tener ya poco que ver con la vida de la gente. En sus libros y artículos, escritos en salas de redacción o en su casa, azuzado por la historia en agraz, Revel no dejó nunca de hacer filosofía, pero a la manera de Diderot o de Voltaire, a partir de una problemática de actualidad, y su contribución al debate de ideas de nuestro tiempo, lúcida y valerosa, ha demostrado, como en el ámbito de nuestra lengua lo hizo un José Ortega y Gasset, que el periodismo podía ser altamente creativo, un género compatible con la originalidad intelectual y la elegancia estilística.

El ladrón en la casa vacía, a través de episodios y personajes claves, evoca una vida intensa y trashumante, donde se codean lo trascendente —la resistencia al nazismo durante la Segunda Guerra Mundial, los avatares del periodismo francés en el último medio siglo— y lo estrambótico, como la regocijante descripción que hace Revel de un célebre gurú, Gurdjieff, cuyo círculo de devotos frecuentó en sus años mozos. Esbozado a pinceladas de diestro caricaturista, el célebre iluminado que encandiló a muchos incautos y esnobs en su exilio parisino aparece en estas páginas como una irresistible sanguijuela beoda, esquilmando las bolsas y las almas de sus seguidores, entre los que, por sorprendente que parezca, junto a gentes incultas y desprevenidas fáciles de engatusar, había intelectuales y personas leídas que tomaron la verborrea confusionista de Gurdjieff por una doctrina que garantizaba el conocimiento racional y la paz del espíritu.

El retrato es devastador, pero, como en algunos otros de la galería de personajes del libro, amortigua la severidad una actitud jovial y comprensiva del narrador, cuya sonrisa benevolente salva en el último instante al que está a punto de desintegrarse bajo el peso de su propia picardía, vileza, cinismo o imbecilidad.

Algunos de los perfiles de estos amigos, profesores, adversarios o simples compañeros de generación y oficio, son afectuosos e inesperados, como el de Louis Althusser, maestro de Revel en la École Normale, que aparece como una figura bastante más humana y atractiva de lo que podía esperarse del talmúdico y asfixiante glosador estructuralista de *El capital*, o el de Raymond Aron, quien, pese a ocasionales entredichos y malentendidos con el autor cuando ambos eran los colaboradores estrellas de *L'Express*, es tratado siempre con respeto intelectual, aun cuando exasperaba a Revel su incapacidad para tomar una posición rectilínea en los conflictos que, a menudo, él mismo suscitaba.

Otras veces, los retratos son feroces y el humor no consigue moderar la tinta vitriólica que los delinea. Es el caso de la furtiva aparición del ministro socialista francés cuando la guerra del Golfo, Jean-Pierre Chevènement («Lenin provinciano y beato, perteneciente a la categoría de imbéciles con cara de hombres inteligentes, más traperos y peligrosos que los inteligentes con cara de imbéciles») o la del propio François Mitterrand, de quien estuvo muy cerca Revel antes de la subida al poder de aquél, que se disputa con Jimmy Goldsmith el título del bípedo más inusitado y lamentable de los que desfilan en el gran curso de estas memorias.

Revel define a Mitterrand como un hombre mortalmente desinteresado de la política (también de la moral y las ideas), que se resignó a ella porque era un requisito inevitable para lo único que le importaba: llegar al poder y atornillarse en él lo más posible. La semblanza es memorable, algo así como un *identikit* de cierta especie de político exitoso: envoltura simpática, técnica de encantador profesional, una cultura de superficie apoyada en gestos y citas bien memorizadas, una mente glacial y una capacidad para la mentira rayana en la genialidad, más una aptitud fuera de lo común para manipular seres humanos, valores, palabras, teorías y programas en función de la coyuntura.

No sólo los prohombres de la izquierda son maltratados con jocosa irreverencia en las memorias; muchos dignatarios de la derecha, empezando por Valéry Giscard d'Estaing, asoman también como dechados de demagogia e irresponsabilidad, capaces de poner en peligro las instituciones democráticas o el futuro de su país por miserables vanidades y una visión mezquina, cortoplacista, de la política.

El más delicioso (y también el más cruel) de los retratos, una pequeña obra maestra dentro del libro, es el del billonario anglofrancés Jimmy Goldsmith, dueño de *L'Express* durante los años que Revel dirigió el semanario, años en que, sea dicho de paso, esa publicación alcanzó una calidad informativa e intelectual que no tuvo antes ni ha tenido después. Scott Fitzgerald creía que «los ricos eran diferentes» y el brillante, apuesto y exitoso Jimmy (que llegó al extremo en 1997 de distraer su aburrimiento dilapidando veinte millones de libras esterlinas en un Partido del Referéndum para defender, en las elecciones de ese año en el Reino Unido, la soberanía británica contra los afanes colonialistas de Bruselas y el canciller Kohl) parecía darle la razón. Pero tal vez sea difícil en este caso compartir la admiración que el autor de *El gran Gatsby* sentía por los millonarios. Un ser humano puede tener un talento excepcional para las finanzas y al mismo tiempo, como el personaje en cuestión, ser un patético megalómano, autodestructivo y torpe para todo lo demás. La relación de los delirantes proyectos políticos, periodísticos y sociales que Goldsmith concebía y olvidaba casi al mismo tiempo, y de las intrigas que urdía contra sí mismo, en un permanente sabotaje a una empresa que, pese a ello, seguía dándole beneficios y prestigio, es divertidísima, con escenas y anécdotas que parecen salidas de una novela balzaciana y provocan carcajadas en el lector.

De todos los oficios, vocaciones y aventuras de Revel —profesor, crítico de arte, filósofo, editor, antólogo, gastrónomo, analista político, escritor y periodista— son estos dos últimos los que prefirió y en los que ha dejado la huella más durable. Todos los periodistas deberían leer su testimonio sobre las grandezas y miserias de este oficio, para enterarse de lo apasionante que puede llegar a ser, y, también, las bendiciones y estragos que de él pueden derivarse. Revel refiere algunos episodios cimeros de la contribución del periodismo en Francia al esclarecimiento de una verdad hasta entonces oculta por «la bruma falaz del conformismo y la complicidad». Por ejemplo, el increíble hallazgo, por un periodista zahorí, en unos tachos de basura apilados en las afueras de un banco, durante una huelga de basureros en París, del tinglado financiero montado por la URSS en Francia para subvencionar al Partido Comunista.

No menos notable fue la averiguación de las misteriosas andanzas de Georges Marchais, secretario general de aquel partido, durante la Segunda Guerra Mundial (fue trabajador voluntario en fábricas de la Alemania nazi). Esta segunda primicia, sin embargo, no tuvo la repercusión que era de esperar, pues, debido al momento político, no sólo la izquierda tuvo interés en acallarla. También la escamoteó la prensa de derecha, temerosa de que la candidatura presidencial de Marchais quedara mellada con la revelación de las debilidades pronazis del líder comunista en su juventud y sus potenciales votantes se pasaran a Mitterrand, lo que hubiera perjudicado al candidato Giscard. De este modo, rechazada a diestra y siniestra, la verdad sobre el pasado de Marchais, minimizada y negada, terminó por eclipsarse, y aquél pudo proseguir su carrera política sin sombras, hasta la apacible jubilación.

Estas memorias retrataban a un Revel en plena forma: fogoso, pendenciero y vital, apasionado por las ideas y los placeres, curioso insaciable y condenado, por su enfermiza integridad intelectual y su vocación polémica, a vivir en un perpetuo entredicho con casi todo lo que lo rodeaba. Su lucidez para detectar las trampas y autojustificaciones de sus colegas y su coraje para denunciar el oportunismo y la cobardía de los intelectuales que se ponen al servicio de los poderosos por fanatismo o apetito prebendario, hicieron de él un «maldito» moderno, un heredero de la gran tradición de los inconformistas franceses, aquella que provocaba revoluciones e incitaba a los espíritus libres a cuestionarlo todo, desde las leyes, sistemas, instituciones, principios éticos y estéticos, hasta el atuendo y las recetas de cocina. Esa tradición agoniza en nuestros días y yo al menos, por más que escruto el horizonte, no diviso continuadores en las nuevas hornadas de escribas, con la excepción tal vez de un André Glucksmann. Mucho me temo, pues, que con Revel, vaya a desaparecer. Pero, eso sí, con los máximos honores.

La muerte de Jean-François Revel el 30 de abril de 2006 abrió un vacío intelectual en Francia que, en lo inmediato, nadie ha llenado. Ella privó a la cultura liberal de uno de sus más lúcidos y aguerridos combatientes y nos dejó a sus lectores, admiradores y amigos con una sobrecogedora sensación de orfandad.

Había nacido en 1924 en Marsella y aprobado todos los requisitos que en Francia auguran una carrera académica de alto nivel (Escuela Normal Superior, agregación en filosofía, militancia en la Resistencia durante la ocupación) y enseñado en los institutos franceses de México y Florencia, donde aprendió el español y el italiano, dos de los cinco idiomas que hablaba a la perfección. Su biografía oficial dice que su primer libro fue *Pourquoi des philosophes?* (1957) (*¿Para qué los filósofos?*), pero, en verdad, había publicado antes una novela, *Histoire de Flore*, que, por excesivo sentido de autocrítica, nunca reeditó. Aquel ensayo, y su continuación de cinco años después, *La Cabale des dévots* (1962) (*La Cábala de los devotos*), revelaron al mundo a un formidable panfletario a la manera de Voltaire, culto y pugnaz, irónico y lapidario, en el que la riqueza de las ideas y el espíritu insumiso se desplegaban en una prosa tersa y por momentos incandescente. Recuerdo haberlos leído sorprendido, sacudido, irritado y, a fin de cuentas, con inmenso placer. Todos los grandes íconos en aquellos años quedaban bastante despintados en esos ensayos que denunciaban el oscurantismo gratuito, pretencioso y tramposo del lenguaje en que se expresaba buena parte de la filosofía de moda (de Lacan a Heidegger, de Sartre a Teilhard de Chardin, de Merleau-Ponty a Lévi-Strauss). El panfleto, en el siglo XVIII, no era en modo alguno esa forma retórica de diatriba vulgar y casi siempre insustancial que define en nuestra época aquel vocablo, sino una comunicación polémica de alta cultura, un desafío semejante a las cartas de batalla medievales pero en el orden de las ideas, que empleaban los mejores talentos, volcando en esos textos sus mejores prendas intelectuales, para llegar a un público más vasto que el de los especialistas. Entre las mil actividades que desempeñó Jean-François

Revel, figura la de haber dirigido en la editorial inconformista de J. J. Pauvert una excelente colección, llamada «Libertés», de panfletos en la que desfilaban Diderot, Voltaire, Hume, Rousseau, Zola, Marx, Breton y muchos otros.

A esa dinastía de grandes polemistas, rebeldes y agitadores intelectuales pertenecía Jean-François Revel y fue una verdadera suerte para la cultura de la libertad que, en 1963, abandonara su carrera universitaria para dedicarse de lleno al periodismo y a escribir sus ensayos, que llegaron a un público muy vasto, gracias al esfuerzo que hizo siempre, muy coherente con las críticas que había formulado a sus colegas filósofos, de conciliar el rigor intelectual con la claridad de la expresión. En esto fue todavía mucho más lejos que Raymond Aron, su amigo y maestro y a quien heredó la responsabilidad de ser el gran valedor de las ideas liberales en un país y en un momento histórico en que «el opio de los intelectuales» (como llamó Aron al marxismo en un ensayo célebre) tenía poco menos que hechizada a la intelectualidad francesa. (La obnubilación llegó a tal extremo que el inteligente Sartre había declarado, a su regreso de un viaje a Moscú: «La libertad de crítica es total en la Unión Soviética»). Todos los libros de Revel, sin excepción, están al alcance de un lector medianamente culto, pese a que en algunos de ellos se discuten asuntos de intrincada complejidad, como doctrinas teológicas, eruditas polémicas de filología o estéticas, descubrimientos científicos o teorías sobre el arte. Nunca recurrió a la jerga especializada ni confundió la oscuridad con la profundidad. Fue siempre claro sin ser jamás superficial. Que eso lo consiguiera en sus libros, ya es un mérito; pero lo es todavía más que ésa fuera la tónica de los centenares de artículos que escribió, en las publicaciones en que a lo largo de más de medio siglo comentó cada semana la actualidad: *France Observateur*, *L'Express* (del que fue director) y *Le Point*.

Por ignorantes, o para tratar de desprestigiarlo, muchos cacógrafos lo han presentado en estos días como un pensador «conservador». No lo fue nunca. Fue, en su juventud, un socialista, y por eso se opuso, con críticas acerbas, a la Quinta República del general De Gaulle (*Le style du Général*, 1959), y todavía en 1968 se enfrentó, en un ensayo sin misericordia, a la Francia de la reacción (*Lettre ouverte à la droite*). El año anterior, había sido candidato a diputado por el partido de François Mitterrand. Toda su vida fue un republicano ateo y anticlerical, severísimo catón del espíritu dogmático de todas las iglesias y en especial la católica, un defensor del laicismo y del racionalismo heredados del Siglo de las Luces (se explayó al respecto con sabiduría y humor en su libro-polémica con su hijo Matthieu, monje tibetano y traductor del Dalái Lama: *Lemoine et le philosophe*, 1997). Dentro del espectro de variantes del liberalismo, Revel estuvo siempre en aquella que más se acerca al anarquismo, aunque sin caer en él, como sugiere aquella insolente declaración del principio de sus memorias: «Aborrezco a la familia, tanto aquella en la que nací como las que yo mismo fundé».

Pero es verdad que el grueso de sus críticas, y esos libros que provocaron verdaderos seísmos intelectuales en el seno de la corrección política, se dirigían a esa izquierda enemistada con la cultura democrática, la sometida al dogmatismo marxista o maoísta, y, sobre todo, a la acobardada y paralizada por el temor de ser acusada de «venderse a la reacción», que sirvió en tantos países de caballo de Troya del totalitarismo, y a la proliferación de una literatura política supuestamente progresista sin vuelo, sin músculos y sin alma, hecha de lugares comunes y retórica estupefaciente. *La tentation totalitaire* (1976), *Comment les démocraties finissent* (1983), *Le terrorisme contre la démocratie* (1987) y *La connaissance inutile* (1988) provocaron intensas y estimulantes polémicas y sirvieron para mostrar que un pensador liberal podía ser capaz, si tenía el talento, la cultura y la valentía de un Revel, de encarnar el verdadero espíritu inconforme y transgresor en tiempos de abdicación y aplatanamiento moral de la izquierda democrática.

Pero sería una gran injusticia hablar de Jean-François Revel sólo como ensayista político. En realidad, fue un humanista moderno, con curiosidades por todo el abanico de vocaciones y disciplinas, las letras y las artes, como testimonian sus libros y sus artículos que versan sobre los temas más diversos. Pero en ninguno de los temas sobre los que escribió aparecía como un mero diletante. Su ensayo sobre Proust es delicado y sensible, una lectura original, con algunos hallazgos sorprendentes. Y también lo son sus escritos sobre el arte y la crítica de arte, que revelan una larga frecuentación de museos, galerías y bibliotecas afines. Su hermosa *Une anthologie de la poésie française* (1984, 1991) muestra una curiosa mezcla de amor por la tradición y la vanguardia al mismo tiempo y es, como todo lo que escribió, iconoclasta y original. Su libro sobre gastronomía, *Un festin en paroles* (1979), es, qué duda cabe, el libro de alguien que sabía muy bien de lo que hablaba. Verlo disfrutar de la comida era un espectáculo, sólo comparable al que ofrecía Pablo Neruda frente a una mesa llena de manjares. Todo su inmenso amor a la vida —a esta vida, la única en la que creía— trasparecía allí, en el brillo feliz de sus ojos, en la seriedad con que probaba cada bocado, en la gran sonrisa que era signo inequívoco de su aprobación.

Desde que, en su juventud, pasó dos años en México, como profesor, se interesó en América Latina, leyó mucho su literatura y estudió su historia y siguió sus avatares políticos con la seriedad y la falta de prejuicios que le permitieron conocer al continente de las esperanzas frustradas como muy pocos intelectuales europeos. También en este campo dio una batalla que nunca podremos agradecerle bastante los latinoamericanos. Es verdad que no era suficiente contrapeso al inmenso caudal de estereotipos y distorsiones que anegan por lo general los artículos y ensayos sobre América Latina que se publican en Europa, pero sin él las cosas hubieran sido todavía mucho peor. Cada una de las giras de Jean-François Revel por los países latinoamericanos en las últimas tres décadas fueron enormemente positivas y gracias a él, por ejemplo, el venezolano Carlos Rangel se animó a publicar sus magníficos ensayos.

El temible polemista era un hombre bueno, generoso, un amigo leal, deslumbrante en las conversaciones de pequeños grupos, cuando, con una copa en la mano, se abandonaba al chisme, la anécdota, la picardía y el humor, inmensamente divertido. Parecía haberlo leído todo, pues sobre casi todo hablaba con una solvencia tranquila y una memoria de elefante, pero no había en él ni asomo de pedantería. Todo lo contrario. Nos conocimos a principios de los años setenta y, desde entonces, fuimos amigos, y también, creo que puedo decirlo sin parecer jactancioso, compañeros de barricada, porque ninguno de los dos se avergonzaba de ser llamado un liberal, palabra que, a pesar de todas las montañas de insidia con que han querido ensuciarla en estas décadas, sigue siendo, para mí, como lo era para Revel, una palabra hermosísima, pariente sanguínea de la libertad y de las mejores cosas que le han pasado a la humanidad, desde el nacimiento del individuo, la democracia, el reconocimiento del otro, los derechos humanos, la lenta disolución de las fronteras y la coexistencia en la diversidad. No hay palabra que represente mejor la idea de civilización y que esté más reñida con todas las manifestaciones de la barbarie que han llenado de sangre, injusticia, censura, crímenes y explotación la historia humana. Y pocos intelectuales modernos obraron tanto como Jean-François Revel para mantenerla viva y operante en estos tiempos difíciles.

Madrid, julio de 2007

La identidad francesa

La *Nouvelle Revue Française* ha hecho circular entre escritores de diversas lenguas una pequeña encuesta: «¿Cree usted que, aparte de la trilogía Grandes Vinos-Alta Costura-Perfumes, existen aún signos perceptibles de la identidad francesa? ¿Comparte usted la idea según la cual con el *nouveau roman* se inició la decadencia de la literatura francesa en el extranjero? ¿Qué espera de Francia, en todos los campos?». No resisto a la tentación de responder públicamente.

Toda preocupación por la «identidad» de un grupo humano me pone los pelos de punta pues he llegado al convencimiento de que tras ella se embosca siempre una conjura contra la libertad individual. No niego, claro está, algo tan obvio como que un conjunto de personas que hablan la misma lengua, o han nacido y viven en un mismo territorio y enfrentan los mismos problemas y practican la misma religión y/o costumbres, tienen características comunes, pero sí que este denominador colectivo pueda definir a cada una de ellas cabalmente, aboliendo, o relegando a un segundo término desdeñable, lo que hay en cada miembro del grupo de específico, la suma de atributos o rasgos propios que lo diferencia de los demás.

El concepto de «identidad», cuando no se emplea a una escala exclusivamente individual y aspira a representar a un conglomerado, es reductor y deshumanizador, un pase mágico ideológico de signo colecti-vista que abstrae todo lo que hay de original y creativo en el ser humano, aquello que no le ha sido impuesto por la herencia ni por el medio geográfico ni la pre-sión social sino que ha resultado de su capacidad de resistir esas influencias y contrarrestarlas con actos li-bres, de invención personal.

Es posible, tal vez, que, en recónditos rincones de la Amazonía, de Borneo o del África, sobrevivan cul-turas tan aisladas y primitivas, tan estabilizadas en el tiempo prehistórico de la repetición ritual de todos los actos del vivir, que en ellas el individuo no haya aún propiamente nacido y la existencia del todo so-cial sea tan ensimismada, compacta e idéntica para hacer posible la supervivencia de la tribu contra la fie-ra, el trueno y las magias innumerables del mundo que lo compartido sea en ellas lo único que realmente cuente, los rasgos que prevalecen de manera aplastan-te sobre los mínimos diferenciales de cada integrante de la tribu. En esa pequeña humanidad de seres clóni-cos la noción de «identidad» colectiva —peligrosa fic-ción que es el cimiento del nacionalismo— tendría, tal vez, razón de ser.

Pero aun esta hipótesis me parece dudosa. Los testimonios de los etnólogos y antropólogos que han estudiado las comunidades más aisladas y arcaicas suelen ser contundentes: por importantes y necesarias para la defensa del grupo que sean las costumbres y creencias practicadas en común, el margen de inicia-tiva y creación entre sus miembros para emanciparse del conjunto es grande y las diferencias individuales prevalecen sobre las colectivas al examinar a cada uno de ellos en sus propios términos y no como meros epifenómenos de la colectividad.

Cuando se habla de «identidad francesa» es evidente que no se alude a una arcaica y confinada comunidad, a la que la falta de intercambios y mezclas con el resto del mundo y la práctica de ciertos usos elementales de supervivencia mantendrían dentro del reino mágico tribal —único dominio en que «lo social» es realidad histórica y no trampa ideológica— sino a una sociedad altamente civilizada y moderna a la que una lengua, una tradición, unas instituciones, ideas, ritos, creencias y prácticas habrían impreso una personalidad colectiva, una sensibilidad e idiosincrasia de la que cada francesa y francés serían portadores únicos e intransferibles, una suerte de sustancia metafísica que a todos ellos hermanaría de modo exclusivo y excluyente y que sutilmente transpiraría en sus actos y sueños, grandes empresas o mínimas travesuras, las que por provenir de ellas y ellos vendrían etiquetadas con el sello indeleble de lo francés.

Husmeo a mi alrededor y comparo uno con otro a las francesas y franceses que conozco, admiro, quiero o detesto; consulto mi memoria de *métèque* precoz y mis casi siete años de existencia parisina, mis inconmensurables lecturas francesas y mi curiosidad devoradora por todo lo bueno y lo malo que sucede en Francia, y juro que no veo ni rastro de esa «identidad» que transubstanciaría en un solo ser, en una indisoluble unidad ontológica, a Flaubert con la Doncella de Orleans, a Chrétien de Troyes con Louis-Ferdinand Céline, al cocinero Paul Bocuse con el padre Foucauld, a Paul Claudel con Jean Genet, a Pascal con el marqués de Sade, a los ensayos liberales de Jean-François Revel con la demagogia racista de Le Pen y a los *clochards* vinosos de la plaza Maubert-Mutualité con la espiritual condesita nonagenaria del XVIème

que preguntó a Jorge Edwards: «*Chilien? Et c'est grave ça?*».

Todos ellos hablan francés (aunque un francés bastante distinto), por supuesto, pero, aparte de ese obvio parentesco lingüístico, podría elaborarse un larguísimo catálogo de diferencias y contradicciones entre unos y otros que haría patente la artificialidad de todo esfuerzo reduccionista para confundirlos y disolver sus bien definidas e irreductibles personalidades individuales en una sola entidad gregaria que los representaría y de la que serían a la vez excrecencias y voceros. Porque, además, es evidente que no sería difícil encontrar a cada uno de ellos un linaje o dinastía de seres afines saltando las fronteras de lo francés, en las más diversas y alejadas comarcas del mundo, hasta descubrir que cada uno de ellos, sin dejar de ser francés o francesa —y precisamente porque la cultura dentro de la que nacieron estimuló en ellos esa capacidad de emancipación individual del rebaño gregario— fue capaz de fabricar su propia identidad a lo largo de toda una vida —de grandezas o de infamias, de esfuerzo o suerte, de intuición o conocimiento, y de apetitos y propensiones recónditas—, es decir, la de ser muchas otras cosas a la vez que aquello que fueron por la más precaria y miserable de las circunstancias: el lugar de su nacimiento.

Por comodidad de expresión, podemos decir que Francia ha contribuido probablemente más que ninguna otra cultura europea a emancipar al individuo de la servidumbre gregaria, a romper las cadenas que atan al primitivo al conjunto social, es decir, a desarrollar esa libertad gracias a la cual el ser humano dejó de ser una pieza en un mecanismo social y se fue convirtiendo en un ser dotado de soberanía, capaz de tomar deci-

siones e irse constituyendo como ser libre y autóno-
mo, creador de sí mismo, más diverso y más rico que
lo que todas las coordenadas sociales o cepos colecti-
vistas —religión, nación, cultura, profesión, ideología,
etcétera— pueden decir sobre su «identidad». Eso lo
mostró luminosamente Sartre, tratando de averiguar,
en *El idiota de la familia*, su oceánica investigación sobre
Flaubert, «¿qué se puede saber, hoy, de un hombre?».
Al final del tercer volumen, la inconclusa encuesta
dejaba sólo en claro que aquel escribidor normando, de
vida en apariencia tan rutinaria y estática, era un pozo
sin fondo, un abismo vertiginoso de complejas genea-
logías culturales, psicológicas, sociales, familiares, una
madeja de elecciones personales que escapaba a toda
clasificación genérica. Si ese proceso de diferenciación
individualista era ya una condición humana tan avan-
zado en tiempos de Flaubert, desde entonces hasta
ahora esa realidad electiva que configura al individuo
ha aumentado probablemente mucho más que en
toda la historia humana anterior, al extremo de que,
aunque, para poder entendernos —y, sobre todo, por
pereza mental y cobardía ideológica— todavía siga-
mos hablando de lo francés —o lo español, lo inglés y
lo alemán—, lo cierto es que esas abstracciones son
unas referencias cada vez más ineptas y confusionistas
para aclarar nada sobre los individuos concretos, salvo
en el ámbito burocrático y administrativo, es decir,
aquel que desindividualiza y deshumaniza al ser humano volviéndolo especie y borrando en él todo lo
que tiene de específico y particular.

Decir que Francia ha contribuido probablemente
más que ninguna otra cultura a crear al individuo so-
berano y a mostrar la falacia colectivista que encierran
expresiones como «identidad cultural» y que por ello

muchos amamos y admiramos la cultura francesa, es cierto, pero sólo a condición de decir al mismo tiempo que Francia no es sólo esa formidable tradición libertaria, universalista y democrática, donde se codean la Declaración de los Derechos Humanos, Montesquieu y Tocqueville, los utopistas decimonónicos, los poetas malditos, con el surrealismo y Raymond Aron, sino, también, otras, oscurantistas, fanáticas, nacionalistas y racistas de las que pueden reclamarse también muchos afrancesados del mundo entero, exhibiendo, además, una panoplia de escritores y pensadores destacados como sus adalides, de Gobineau a Céline, de Gustave Le Bon a Charles Maurras, de Robespierre a Drieu La Rochelle, y de Joseph de Maistre (que escribía en francés aunque no hubiera nacido en Francia) a Robert Brasillach. Como toda gran cultura, la francesa no tiene identidad, o, mejor dicho, tiene muchas y contradictorias: ella es un variopinto mercado donde hay legumbres y hortalizas para todos los gustos: el revolucionario, el reaccionario, el agnóstico, el católico, el liberal, el conservador, el anarquista y el fascista.

La angustia por una supuesta decadencia de la literatura francesa me parece alarmante, no porque apunte a un problema real como porque detecto en ella síntomas de nacionalismo, en una de sus peores vertientes que es la cultural. Es verdad que en los últimos veinte o treinta años no parecen haberse escrito en Francia novelas o poemas comparables a los de sus más grandes creadores, pero, en cambio, en el campo de las ciencias humanas, el del ensayo histórico, filosófico, antropológico o político han aparecido en ese país libros importantes, que se han leído y discutido en medio mundo, como los últimos de François Furet, de Revel, de Besançon, de Lévi-Strauss y de un buen número más. ¿Y no basta acaso para alimentar el orgullo cultural nacional francés que la terrible trinidad —Lacan, Foucault y Derrida— siga tronando olímpicamente, indisputada, en casi todas las facultades de letras de Estados Unidos y de buena parte de Europa y del Tercer Mundo?

En verdad, lo que justificaría la alarma no es el estado de la situación de las letras y el pensamiento en Francia —que gozan de buena salud— sino la política cultural de ese país que, de un tiempo a esta parte, da señales manifiestas de provincianismo, para no decir de *bêtise*. Aunque sin duda hay también una tradición nativa de la que podrían reclamarse esos gestos y campañas de los Gobiernos franceses de los últimos tiempos —los de izquierda y los de derecha, no lo olvidemos— en favor de la «excepción cultural» para proteger al cine y a la televisión de Francia de la contaminación jurásica o la guerra a base de cañonazos administrativos contra los anglicismos que podrían deteriorar la bella lengua de Racine, a muchos nos han producido una lastimosa impresión, pues recuerdan, no a Molière ni a Descartes ni a Baudelaire, sino la idea de la cultura que tenía Monsieur Homais y las payasadas del Gran Guiñol. Pero ni siquiera eso debe inquietarnos demasiado, pues es evidente que lo que hay de verdaderamente universal y duradero en la lengua y las letras de Francia sobrevivirá a los intentos de esos funcionarios que creen que las culturas se defienden con censuras, cuotas obligatorias, aduanas y prohibiciones, y los idiomas, confinándolos dentro de campos de concentración guardados por *flics* y *mouchards* disfrazados de lexicólogos.

Londres, julio de 1995

Cuando París era una fiesta

No exagero si digo que pasé toda mi adolescencia soñando con París. Vivía entonces, en la embotellada Lima de los cincuenta, convencido de que ninguna vocación literaria o artística alcanzaba la mayoría de edad sin la experiencia parisina, porque la capital de Francia era también la capital universal del pensamiento y de las artes, el foco del que irradiaban hacia el resto del mundo las nuevas ideas, las nuevas formas y estilos, los experimentos y los temas que, al mismo tiempo que liquidaban el pasado, sentaban las bases de lo que sería la cultura del futuro.

Dada la indigencia de las artes y las letras en la Francia contemporánea aquellas creencias pueden ahora parecer bastante tontas, la ingenuidad de un joven provinciano y subdesarrollado seducido a la distancia por el romántico mito de París. Pero la verdad es que el mito estaba bastante cerca de la realidad todavía en 1959, cuando, en estado de trance, inicié por fin mi estancia parisina, que se prolongaría cerca de siete años. Las grandes figuras intelectuales cuyas obras e ideas reverberaban por casi todo el globo estaban aún vivas y muchas de ellas en plena efervescencia, de Sartre a Camus, de Malraux a Céline, de Breton a Aragon, de Mauriac a Raymond Aron, de Foucault a Goldmann y de Bataille a Ionesco y Beckett. La lista podría ser larguísima. Es verdad que el *nouveau roman*, de Claude Simon, Robbe-Grillet, Nathalie Sarraute y compañía, de moda entonces, pasaría como fuego fatuo sin dejar muchas huellas, pero ese movimiento era apenas uno entre varios otros, como el del grupo Tel Quel, organizado bajo el influjo del brillantísimo sofista Roland Barthes, uno de cuyos cursos del tercer ciclo en la Sorbona seguí con una mezcla simétrica de fascinación e irritación. Barthes se escuchaba hablar, tan embelesado de sí mismo como lo estábamos nosotros, sus oyentes, y contrarrestaba su enorme cultura con soberbias dosis de frivolidad intelectual.

No sé si en los años sesenta París era todavía la capital de la cultura. Pero, a juzgar por la magnífica exposición de la Royal Academy, de Londres, dedicada a «París, capital de las artes 1900-1968», no hay duda, aún lo era por lo menos en este sentido: ninguna otra ciudad en el mundo la había reemplazado como el imán que atraía y asimilaba a tanto talento artístico y literario procedente de los cuatro puntos cardinales. Al igual que los rumanos Cioran y Ionesco, el griego Castoriadis, el belga Caillois o el suizo Jean-Luc Godard innumerables músicos, cineastas, poetas, filósofos, escultores, pintores, escritores salían de sus países, por fuerza o por libre decisión, y corrían a instalarse en París. ¿Por qué? Por las mismas razones por las que el chileno Acario Cotapo consideraba que para cualquier escritor en ciernes era indispensable «la respireta parisina». Porque, además de la estimulante atmósfera de creatividad y libertad que allí reinaba, París era, culturalmente hablando, una ciudad abierta, hospitalaria al forastero, donde el talento y la originalidad eran bienvenidos y adoptados con entusiasmo, sin distinción de origen.

Uno de los aspectos más instructivos de la exposición de la Royal Academy es ver cómo, a lo largo del siglo XX, lo más fecundo y novedoso de las artes plásticas en Europa y buena parte del resto del mundo —sobre todo, Estados Unidos, Japón— pasó por París o encontró en Francia el reconocimiento y el impulso necesario para imponerse a escala planetaria. Ocurre con Picasso, Miró y Juan Gris; con Mondrian y Giorgio de Chirico; con Diaghilev, Nijinsky y Stravinsky; con Brancusi, Beckmann y Max Ernst; con Giacometti, Henry Miller y César Vallejo; con Huidobro, Gino Severini e Isadora Duncan; con Chagall, Lipchitz, Calder y Foujita; con Van Dongen, Diego Rivera, Kupka y Natalia Goncharova; con Lam, Matta y Josephine Baker; con Modigliani y Man Ray; con Julio González, Torres-García, Naum Gabo y cientos, miles más. Tal vez sería exagerado decir que toda esa formidable eclosión de creadores fue hechura de lo que otro enamorado de Francia, Rubén Darío, llamaba «la cara Lutecia». Pero no lo es decir que el aire, el suelo y el ambiente cultural que los envolvió en la Ciudad Luz contribuyó de forma decisiva a desarrollar de manera plena su potencia creativa.

En París se sentían en su casa porque París era la casa de todos. Y la cultura francesa era lo que era porque no pertenecía sólo a Francia sino al mundo entero; o, mejor dicho, a quienes, seducidos por su riqueza, generosidad, variedad y universalidad, la hacían suya como lo hice yo, adolescente, allá en Lima, precipitándome a la Alianza Francesa para poder leer en su idioma original a los autores que me habían deslumbrado. Y a su vez, en las galerías de la Royal Academy se advierte la formidable inyección de inventiva, audacia, insolencia y fuerza rupturista que significó para la cultura francesa esa política de puertas abiertas —de libre circulación y cotejo permanente— con los «extranjeros» que llegaban a París, y dejaban de serlo casi al instante, porque el espíritu de la ciudad los invadía y asimilaba. Desde el postimpresionismo hasta los *happenings*, pasando por el cubismo, Dadá, el surrealismo y todas las vanguardias, París es, en materia de arte, el aleph borgiano, un microcosmos que refleja todo el cosmos, el lugar de donde salen y al que llegan los productos culturales y artísticos más influyentes del siglo.

¿Qué pudo pasar para que esa capital internacional de las artes, patria abierta hacia el mundo y a la que acudían los artistas del mundo entero como a una fuente nutricia, haya podido declinar tan rápidamente, hasta sucumbir en nuestros días a ese provincianismo chovinista y ridículo que, en una pintoresca alianza que reúne a la extrema derecha con la extrema izquierda, reclama frenéticamente la «excepción cultural» a fin de impedir que los productos artísticos extranjeros (léase estadounidenses) vayan a macular la sacrosanta «identidad cultural» de Francia?

Leo la respuesta a esta angustiosa interrogación que me asedia desde que salí de la Royal Academy, lleno de melancolía por lo que acababa de ver, en un luminoso artículo que el azar puso esta mañana en mis manos, firmado por Jean-François Revel y que se titula: «La extinción cultural». El texto, escrito con la centelleante ironía y la demoledora inteligencia que son usuales en él, desbarata los argumentos a favor del proteccionismo cultural con ejemplos irrefutables. Defenderse contra la influencia extranjera, dice, no es la mejor manera de preservar la cultura propia; es, más bien, la mejor manera de matarla. Y coteja el caso de Atenas, ciudad abierta, en la que circulaban libremente las letras, las artes, la filosofía y las matemáticas, con el de Esparta, defensora celosa de su excepción, que realizó «la proeza de ser la única ciudad griega que no produce ni un poeta, ni un orador, ni un pensador, ni un arquitecto». Esparta defendió con tanto éxito su cultura, que ésta se extinguió.

Revel recuerda asimismo que el nacionalismo cultural, tesis por lo común de gentes ignaras que no ven en la cultura sino un instrumento de poder y de propaganda política, es profundamente antidemocrático, un esperpento característico de los regímenes totalitarios. Éstos han rodeado siempre la vida cultural de alambradas y la han sometido al control y a las dádivas del Estado. Por eso, es inaplicable en una sociedad abierta, lo que significa que pese a la gritería y a las periódicas campañas a su favor, difícilmente prosperará en Francia mientras la sociedad francesa siga siendo democrática, lo que sin duda tiene para rato. Porque la única manera en que el proteccionismo cultural puede traducirse en una política efectiva es mediante un sistema riguroso de discriminación y censura para los productos culturales, algo que resultaría intolerable para un público adulto, moderno y libre.

¿Qué hubiera ocurrido, se pregunta Revel, si los reyes de Francia, en el XVI, en vez de invitar a los pintores italianos a París, los hubieran echado, en defensa de la «identidad nacional»? ¿Y acaso no fue enorme y fértil la influencia de la literatura española en Francia en el XVIII, incluso cuando ambos países guerreaban entre sí?

Si Francia no hubiera abierto tradicionalmente sus fronteras a los «productos extranjeros» jamás hubiera habido una muestra como esta de la Royal Academy, que es un involuntario manifiesto a favor de la libre circulación del arte y los artistas por el ancho mundo sin la menor cortapisa. Y sin esa apertura

Francia jamás hubiera llegado a ilusionar a tantos jóvenes de todo el mundo, como a mí en Lima en los años cincuenta, con la idea de que allí, en esa esplendorosa y lejana tierra, la belleza y el genio fructificaban mejor que en parte alguna, como lo demostraban esos poetas y escritores que nos hablaban con voz tan clara y fuerte que llegaba hasta los confines donde nos sentíamos exiliados, y esos artistas, cineastas, músicos, cuyas obras nos parecían concebidas exactamente a la medida de nuestros apetitos y sueños más exigentes.

Una de las razones que esgrimen los ávidos defensores del proteccionismo cultural —ávidos de subsidios estatales, se entiende— es que, sin esta política nacionalista en lo relativo a los bienes culturales, la cultura en Francia entraría en irremisible decadencia. Mi impresión es precisamente la contraria. Sólo porque ya no es ni sombra de lo que la cultura francesa solía ser, es que ha podido prosperar en Francia la aberrante idea de que la cultura necesita aduanas, fronteras y estipendios —un invernadero burocrático— para no perecer.

Londres, marzo de 2002

La medialuna sobre el Sena

Acaba de haber elecciones generales en Francia y la «Fraternidad Musulmana» ha ganado con comodidad; socialistas y republicanos, temerosos de que el Frente Nacional de Marine Le Pen pudiera acceder al poder en estos comicios, han asegurado aquel triunfo. La Francia que fue antaño cristiana, luego laica, tiene ahora, por primera vez, un presidente musulmán, Mohammed Ben Abbes.

Contrariamente a lo que se temía, los «grupos identitarios» (nacionalistas y xenófobos) no han entrado en zafarrancho de combate y parecen haberse resignado a lo ocurrido con unos cuantos alborotos y algún crimen, algo que, por lo demás, los discretos medios de comunicación apenas mencionan. El país muestra una insólita pasividad ante el proceso de islamización, que empieza muy de prisa en el ámbito académico. Arabia Saudita patrocina con munificencia a la Sorbona, donde los profesores que no se convierten deben jubilarse, eso sí, en condiciones económicas óptimas. Desaparecen las aulas mixtas y los antiguos patios se llenan de jovencitas veladas. El nuevo presidente de la universidad, Rediger, autor de un *best seller* que ha vendido tres millones de ejemplares: *Diez preguntas sobre el Islam*, defiende la poligamia y la practica: tiene dos esposas legítimas, una veterana y otra de apenas quince años.

Quien cuenta esta historia, François, es un oscuro profesor de literatura que se pasó siete años escribiendo una tesis sobre Joris-Karl Huysmans y ha publicado un solo libro, *Vértigo de neologismos*, sobre este novelista decimonónico. Solterón, apático y anodino, nunca le interesó la política pero ésta entra como un ventarrón en su vida cuando lo echan de la universidad por no convertirse y pierde a su novia, Myriam, que, debido al cambio de régimen, debe emigrar a Israel con toda su familia al igual que la mayoría de judíos franceses.

François observa todos estos enormes cambios que suceden a su alrededor —por ejemplo, que la política exterior francesa se vuelque ahora a acercar a Europa y en especial a Francia a todos los países árabes— con un fatalismo tranquilo. Éste parece ser el estado de ánimo dominante entre sus compatriotas, una sociedad que ha perdido el *élan* vital, resignada ante una historia que le parece tan irremediable como un terremoto o un tsunami, sin reflejos ni rebeldía, sometida de antemano a todo lo que le depara el destino. Basta leer unas pocas páginas de esta novela de Michel Houellebecq para entender que el título le viene como anillo al dedo: *Sumisión*. En efecto: ésta es la historia de un pueblo sometido y vencido, que, enfermo de melancolía y de neurosis, se va viendo desaparecer a sí mismo y es incapaz de mover un dedo para impedirlo.

Aunque la trama está muy bien montada y se lee con un interés que no decae, a ratos se tiene la impresión no de estar enfrascado en una novela sino en un testimonio psicoanalítico sobre los fantasmas macabros de un inconsciente colectivo que se tortura a sí mismo infligiéndose humillaciones, fracasos y una lenta decadencia que lo llevará a la extinción. Como este libro ha sido leído con avidez en Francia por un enorme público, cabe suponer que en él se expresan unos sentimientos, miedos y prejuicios de que es víctima un importante sector de la sociedad francesa.

Es simplemente inverosímil que alguna vez ocurra en Francia aquello que parece profetizar *Sumisión*, un retroceso tan radical hacia la barbarie del país que entronizó por primera vez los Derechos del Hombre, cuna de las revoluciones que, según Marx, se proponían «asaltar el cielo», y de la literatura más refractaria al *statu quo* de toda Europa. Pero tal vez semejante pesimismo se explique recordando que la modernidad ha golpeado de manera inmisericorde a Francia, que nunca ha sabido adaptarse a ella —por ejemplo sigue arrastrando un Estado macrocefálico que la asfixia y unas prestaciones generosas que no puede financiar—, al mismo tiempo que el terrorismo se ha encarnizado en su suelo impregnando de inseguridad y desmoralización a sus ciudadanos. Por otra parte su clase política, que ha ido decayendo y parece haber perdido por completo su capacidad de renovarse, no sabe cómo enfrentar los problemas de manera radical y creativa. Esto explica el crecimiento enloquecido del Front National y el repliegue tribal al nacionalismo de orejeras que proponen sus dirigentes como remedio a sus males.

La novela de Michel Houellebecq da forma y consistencia a esos fantasmas de manera muy eficaz y seguramente contribuye a difundirlos. Lo hace con pericia literaria y una prosa fría y neutral. Es difícil no sentir cierta simpatía por François y tantos infelices como él, sobre los que se abate la desgracia sin que atinen a ofrecer la menor resistencia a unos acontecimientos que, como diría el buenazo de Monsieur Bovary, parecen «la falta de la fatalidad». Pero todo esto es puro espejismo y, una vez concluida la magia de la lectura, conviene cotejar la ficción con el mundo real.

Verdad que la población musulmana en Francia es, comparativamente, la más numerosa de Europa, pero, también, que se trata de la menos integrada y que la tensión y violencias que a veces estallan entre ella y el resto de la sociedad se deben en buena parte al estado de marginación y desarraigo en que se encuentra. Por otro lado, es importante recordar que el mayor número de víctimas del terrorismo de los islamistas fanáticos son los propios musulmanes y que, por lo tanto, presentar a esta comunidad cohesionada e integrada política e ideológicamente como hace la novela de Houellebecq es irreal. Y, también, suponer que una de las sociedades que está más a la vanguardia en el mundo en cuestiones sociales —de sexo, de religión, de género y derechos humanos en general— podría involucionar hacia prácticas medievales como la poligamia y la discriminación de la mujer con la facilidad con que describe *Sumisión*. Semejante conjetura va más allá de cualquier licencia poética.

Y, sin embargo, entre tantas mentiras hay algunas verdades que se insinúan y prevalecen en el libro de Michel Houellebecq. Son los prejuicios, la xenofobia y la paranoia que inspiran esa siniestra fantasía, aquella sensación mentirosa de que el futuro está determinado por fuerzas contra las cuales el hombre común y corriente es impotente y no tiene otra opción que la de acatarlo o suicidarse. No es cierto que la libertad no exista y los seres humanos sean ciegos intérpretes de un guion preestablecido. Siempre hay algo que se puede hacer para enfrentarse a derroteros adversos. Si el fatalismo que postula *Sumisión* frente a la historia fuera cierto, nunca habríamos salido de las cavernas. Gracias a que es posible la insumisión ha habido progreso. Vivir con la sensación de la derrota en la boca, como viven los personajes de esta novela, da una lastimosa imagen del ser humano. François acata lo que considera su sino y se somete; al final del libro, se tiene la sospecha de que, pese a su secreta e invencible repugnancia contra todo lo que ocurre, terminará por convertirse también, de modo que pueda volver a enseñar en la Sorbona, prepare la edición de la Pléiade de las novelas de J. K. Huysmans y acaso, como Rediger, hasta se case con varias mujeres.

Madrid, mayo de 2016

Discurso de ingreso
a la Academia Francesa

Señora Secretaria Perpetua:
Queridos colegas:

Cuando yo era niño, la cultura francesa reinaba en toda América Latina y también en el Perú. «Reinaba» quiere decir que los artistas e intelectuales la tenían como la más original y consistente, y que la gente frívola la adoraba también, porque veía en ella la culminación de sus sueños y en París, la ciudad que era, desde el punto de vista artístico, literario y sensual, la capital del mundo. Y no había ninguna otra que le disputara ese cetro.

Con estas ideas crecí y me formé, leyendo a autores franceses entre los que destacaban dos potenciales y futuros adversarios: Jean-Paul Sartre y Albert Camus. Eran los tiempos del existencialismo y éste reinaba también en Lima, o, por lo menos, en el patio de Letras de San Marcos, la universidad que yo había elegido, contra el parecer de mi familia, que aspiraba a que yo fuera un disciplinado alumno de los curas en la Universidad Católica, que era privada, y adonde iban entonces los muchachos de las buenas familias del Perú.

Nunca me he arrepentido de haber preferido a la Católica la Universidad de San Marcos, una de las más antiguas de América Latina, fundada por los españoles algunos años después de la Conquista, y que, por la conducta de sus estudiantes, muy humildes y a veces de origen campesino, se había ganado, durante la República, fama de díscola y radical, y de oponerse con energía a todas las dictaduras militares. El general Manuel Apolinario Odría, que reinaba entonces en el Perú, había depuesto a un líder civil, un prestigioso jurista, el doctor Bustamante y Rivero, que había ganado la Presidencia en elecciones legítimas. Mi familia materna, los Llosa, ni qué decirlo, odiaba a Odría, ese usurpador, y con todos ellos rendíamos culto al tío «José Luis».

Alejandro Esparza Zañartu, traficante en vinos, el segundo hombre de la dictadura, había perpetrado el año anterior a mi ingreso a San Marcos, en 1953, una gran redada a resultas de la cual muchos estudiantes y profesores estaban deportados en Bolivia, presos o muertos, enterrados a escondidas y de prisa. A los detenidos sobrevivientes los tenían durmiendo sobre las piedras de los calabozos del Panóptico, sin cubrirlos ni darles de comer. En la Federación Universitaria de San Marcos, a la que yo pertenecía, se decidió solicitar a Esparza Zañartu una audiencia y pedirle que nos permitiera llevar frazadas y comida a nuestros compañeros detenidos. Fue la única vez que vi a Esparza Zañartu, por pocos minutos, pese a que él sería el personaje central de mi tercera novela, *Conversación en La Catedral*, y pese a que él diría a la prensa, años más tarde, cuando disputaba a tiros con un japonés los límites de su casa en Chosica, que, si yo le hubiera consultado cuando escribía aquella historia, él me habría revelado cosas más importantes que las que contaba mi libro. Seguro que era cierto.

Estuve un año militando en el Partido Comunista Peruano y creo que los existencialistas franceses

—sobre todo el equipo de *Les Temps Modernes*, Maurice Merleau-Ponty, Jean-Paul Sartre, Albert Camus y Simone de Beauvoir— me salvaron del estalinismo que, entonces, bajo la dirección de Moscú, dominaba los partidos comunistas latinoamericanos. Recuerdo aquella reunión clandestina, durante una huelga de tranviarios, en que mi camarada y amigo Félix Arias-Schreiber, después de escucharme despotricar contra esa mala novela rusa, *Así se templó el acero*, y elogiar a André Gide y *Les Nourritures terrestres*, me sepultó en la nada, diciéndome: «Camarada: tú eres un sub-hombre».

Era un subhombre al menos, porque, aprendiendo francés y leyendo a los franceses sin descanso, aspiraba secretamente a ser un escritor francés. Estaba convencido de que era imposible ser un escritor en el Perú, un país donde no había editoriales y apenas librerías, y donde los escritores conocidos por mí eran casi todos abogados, que trabajaban en sus estudios toda la semana y escribían poemas sólo los domingos. Yo quería escribir todos los días, como hacían los verdaderos escritores, y por eso soñaba con Francia y con París.

Aquí llegué en 1959, y descubrí que los franceses, fascinados con la Revolución cubana, que había convertido en colegios las haciendas de Batista y sus compinches, habían descubierto la literatura latinoamericana antes que yo, y leían a Borges, a Cortázar, a Uslar Pietri, a Onetti, a Octavio Paz y, más tarde, a Gabriel García Márquez. Gracias a Francia descubrí América Latina, los problemas que compartíamos los países latinoamericanos, la horrible herencia de los cuartelazos y el subdesarrollo. Y empecé entonces, en Francia, a escribir en español y sentirme un escritor del Perú y de América Latina.

Pero, por supuesto, iba siempre los sábados a los debates de la Mutualité, a empaparme de las cosas francesas. Y allí escuché la más admirable discusión entre un primer ministro de De Gaulle, Michel Debré, y el líder de la oposición, Pierre Mendès France, que llevo como uno de los momentos de mayor gloria en mi memoria. Eso y los discursos de André Malraux en el Barrio Latino conmemorando a Jean Moulin y en la Cour du Louvre, con ocasión del traslado de las cenizas de Le Corbusier, han quedado en mi mente como recuerdos inolvidables.

Viví varios años en París, al principio haciendo el *ramassage de journaux* y hasta cargando costales en Les Halles durante algunos días, para, finalmente, trabajar en la École Berlitz, en la Agencia France-Presse, en la Place de la Bourse, y luego en la Radio Televisión Francesa, como periodista. En París me hice escritor, una vocación que no me había atrevido antes a asumir, pese a mis artículos en la prensa diaria, en el periódico *La Crónica* y en *Cultura Peruana*; aquí, en París, escribí mis dos primeras novelas, un largo relato y varias crónicas. Y, sobre todo, leí mucho, la literatura francesa particularmente, como nunca había leído ni, creo, tampoco lo haría después.

Pero, acaso, más importante fue que en Francia descubrí a Gustave Flaubert, quien ha sido y será siempre mi maestro, desde que compré un ejemplar de *Madame Bovary* la noche misma de mi llegada, en una librería ya desaparecida del Barrio Latino, que se llamaba La Joie de Lire. Sin Flaubert no hubiera sido nunca el escritor que soy, ni hubiera escrito lo que he escrito, ni como lo he hecho. Flaubert, al que he leído y releído una y otra vez, con infinita gratitud, es el responsable de que ustedes me reciban hoy aquí, por lo que les estoy, claro está, muy reconocido.

Debo hacer ahora el elogio de Michel Serres, a quien he reemplazado en la silla número 18 de la Académie Française. Nunca lo conocí, pero después de haber leído casi todos sus libros, le tengo solidaridad y simpatía. Había nacido en Agen, donde tuvo una educación católica que dejó rastros y traumas en su historia personal; y de marino, a la que fue leal toda su vida. Entre sus abundantes tesis y teorías, prefiero la dedicada a La Fontaine, uno de sus últimos libros y probablemente el más atrevido, caótico y delirante de todos los que escribió. Porque Michel Serres era un profesor riguroso, que enseñó Filosofía en la Sorbona y en los Estados Unidos, en la Universidad de Stanford, reverenciado por los elogios de sus alumnos. Su prestigio consistía sobre todo en que era un humanista que conocía las ciencias llamadas «frías» y un científico que se movía con desenvoltura en las humanidades. Pero, cuando escribía ensayos, al margen de la universidad —y son muchos los que escribió—, se disparaba en la aventura, en la invención y hasta en la sinrazón, al extremo de que parecía liberado de los arreos académicos y libre como un adolescente rompedor.

En *Les cinq sens*, por ejemplo, hay toda una sección dedicada a referir con lujo de detalles las existencias del Museo de Cluny, que, como es sabido, tiene una excelente colección de piezas y objetos medievales. La descripción, en movimiento, del acervo de esta institución, que Michel Serres emprende, no se aparta casi del original, como si una cámara ciega y sorda —los ojos del autor— se empeñara en narrar con precisión, sin añadidos ni resúmenes y todavía menos interpretaciones, la gigantesca colección que compone aquel museo. ¿Cuál es el objetivo de esta singular descripción con la que arranca este ensayo? Animar las piezas, dotarlas de una razón de ser que seguramente tuvieron en la época en que fueron fabricadas; es decir, relacionarlas con la vida de la que alguna vez, en el pasado, formaron parte.

Esta complicidad no impide la violencia y las ceremonias de las cuales también participan. Pero, además y sobre todo, esa descripción se empeña en acercarlas a la vida presente y dotarlas de una nueva verdad. Michel Serres descubrió que hay una eternidad en ciertas conquistas humanas y que ellas pueden volver una y otra vez a iluminarnos el camino de la certidumbre, por más fatigados que estemos.

Todos los ensayos de Serres tienen esa connotación sorprendente y desconcertante: reactualizar el sentido que en el pasado, decenas, cientos o miles de años atrás, tuvieron todas esas piezas, como si el tiempo no hubiera transcurrido y estuvieran allí, contagiando siempre de existencia y de formas a todo su entorno. Operación mágica que tiene por objeto resucitar el tiempo pasado e insertarlo de nuevo en la vida presente, de la que, acaso, nunca debieron apartarse. Es por eso que Michel Serres describe con lujo de detalles la pintura de Bonnard, una verdadera fotografía que traduce en palabras todo lo que aquella imagen representa o evoca. Y cuando hace el «elogio de la filosofía en lengua francesa», en 1993, habla muy poco de filosofía y sí, mucho, de ciencias, de modo que hasta cierto punto convierte a los filósofos —Descartes, Montaigne y Leibniz son los más citados— en ayudantes de los investigadores científicos y a la filosofía en una ciencia derivada. Además de reprochar a Sartre, por ejemplo, su ignorancia de las ciencias «frías» y su exclusiva concentración en la filosofía, como si ésta, por sí sola, es decir, separada de la ciencia, fuera incompleta, una disciplina insuficiente.

Ésa es la razón de ser de que, en otro ensayo, reconstruya la transformación en cerdos de los compañeros de Ulises en los dominios de las bacantes de la diosa o reina Eurídice, relacionándola a la condena a muerte de Sócrates por los jueces de Grecia, que ocurrió siglos atrás, y evoque la bajada a los infiernos —al reino de la sombra— del unicornio, contemplada por él mismo desde una cómoda playa contemporánea de Epidauro. De esas transiciones violentas están hechos su literatura y sus ensayos.

Veamos con más detalle, por ejemplo, su teoría de *le Grand Récit* («el Gran Relato»), al que se refiere varias veces en sus escritos. Se trata de la adaptación de la tierra y el universo y los astros para hacer posible la vida de los humanos, los animales y las plantas. Esta indemostrable teoría, explicada con brío, elocuencia y certeza por Michel Serres, describe la adecuación de los astros y, en suma, del universo a la vida de los seres humanos. Todo tiene una historia, dice Serres, incluido el clima y las piedras. Lo explica muy bien en el ensayo *Darwin, Bonaparte y el samaritano*, de 2016. La historia, hasta ahora constituida por hechos heroicos de la vida humana, también incluye, según la visión de Serres, la transformación de elementos naturales, como el clima y la geografía, para hacer la vida vivible. Y añade: «Unos emiten, otros recortan, algunos almacenan, otros dejan su traza junto a un balancín. ¿Quién escribe? Los seres vivos, sin excepción. La historia comienza con la escritura».

«Una filosofía de la historia —añade Serres— no puede no tener en cuenta los nuevos tiempos, alocadamente largos, ni esas grandes poblaciones, donde todo lo que existe tiene una historia, época condicional y formadora de la nuestra, sin la cual no existiríamos ni como individuos ni como grupos humanos, época en la que aparecieron las cosas y los vivos que son, ellos mismos, pilares de la información, es decir, mentiras con fecha puesto que están escritas». Este escepticismo viene de lejos: «En efecto, la estructura misma del tiempo, en el curso de aquello que he nombrado el Gran Relato, se revela de forma caótica y no, como en la era de las Luces, de manera lineal». Es curiosa esta relatividad temerosa que despierta en Michel Serres siempre la palabra escrita; a mí, en cambio, ella me da confianza y un asomo de algo cierto y verdadero.

«El Gran Relato» prosigue con la enumeración de las batallas que marcan nuestra historia y sus miles, acaso millones de muertos a lo largo del tiempo. ¿Qué vale la vida frente a estos cadáveres sembrados en los bosques y convertidos en pasto de los animales? «Comer: no ser comido». Ésta parece ser la máxima que preside la existencia en aquellos tiempos difíciles.

A continuación, viene un párrafo un tanto excesivo, pues Serres predica «la prescripción de todas las deudas», como compensación de aquellas obligaciones del pasado que empobrecieron a la gente. Ninguna nación, ni las más ricas, sobrevivirían a esta medida; todas perecerían arruinadas. Así, pues, semejante solución a las injusticias del pasado carece de valor o lo tiene apenas de manera simbólica.

En este ensayo hay también un ataque al darwinismo social que hace el elogio del más fuerte, es decir, de aquel que sobrevive a la matanza... Y cuenta que ello nos conduce a millares de muertos y supliciados: «En Hiroshima, aquel día de cólera puso en peligro nuestra propia existencia». En las páginas siguientes Michel Serres completa su teoría afirmando que la abominación de Hiroshima comprende a quienes realizaron las explosiones en el desierto de Nevada y a los científicos en sus laboratorios que se prestaron a ese crimen. Para, luego, concluir que sólo las mujeres son la paz y los hombres la guerra. Teseo y Ariadna, Creón y Antígona, Luis XV y la Lechera, Stalin y Pol Pot ilustran esta convicción. Y María Teresa la confirma. La elección es arbitraria, pero la historia nos dice que la sinrazón está bien repartida en torno nuestro.

En *La Fontaine*, un grueso libro que es lo más parecido a un trabajo de crítica literaria, Michel Serres traza hasta una biografía aproximada del esclavo frigio Esopo, maestro remoto de La Fontaine y padre de las fábulas, que, en versos sencillos y apretados, reúnen animales y seres humanos en perfecta armonía y sientan las bases, cara al presente, es decir, a nuestros días, en que hombres y bestias rompan su infranqueable distancia y se acerquen, dialogantes y fraternales, a compartir la historia y a coexistir, sin que falte entre ellos la violencia y la muerte, esencia misma de la vida. Este ensayo, que es largo, revela una vieja familiaridad de Serres con el texto y los poemas de La Fontaine, unos poemas donde fieras y personas comparten experiencias y, naturalmente, se hostigan y se comen a veces los unos a los otros, en una atmósfera risueña que se diría hasta cordial y familiar. Sin embargo, la muerte preside ese acercamiento —la muerte es siempre la compañera de la vida— y ella tiende emboscadas y sorpresas, de las que nunca están lejos la sonrisa y la risa, a la vez que en la Francia de aquel momento La Fontaine elevaba la poesía y sus exploraciones verbales de modo curiosamente favorable a lo que las normas y las buenas costumbres exigen hoy día, en nuestra época. Todo está allí; los poemas y sus remotos ancestros, la poesía de los griegos, la forma de educar a los niños en la reconciliación entre seres humanos y brutos, tendiendo entre ellos una fraternidad de la que no están excluidos ni el mordisco ni la trampa.

Hay en los ensayos de Michel Serres una necesidad de hablar que no conoce límites ni fronteras, una eclosión de palabras que desborda fácilmente lo prudente y lo lógico, una voluntad que se despliega de manera desmedida, con su colección de verbos y adjetivos personales. A veces esta vocación rompe los límites y nos revela a un pensador que es también un poeta, como, por ejemplo, en *Les cinq sens (Philosophie des corps mêlés)*, páginas y páginas de lo que Alfonso Reyes llamaba las «jitanjáforas», es decir, palabras que no son lazo de unión ni una explicación de la realidad, sino un juego delirante, casi una brujería de los poetas. Aquellas expresiones se sostenían a sí mismas, por su solo encanto y gracia verbal, aunque no dijeran ni pretendieran decir nada. De este amorío con los vocablos pasa en ocasiones Michel Serres a un pensamiento abstruso que pone en juego la perspicacia y conciencia de sus lectores, e incluso su propia imaginación. Las contradicciones no están reñidas en sus ensayos con la exposición de verdades muy estrictas y a veces unas y otras se mezclan, atribuyendo al lector el cuidado de jerarquizarlas.

Allí están más cerca las palabras de ser adivinadas que comprendidas. Y luego, sin embargo, hay en esas mismas páginas, que son muchas, una síntesis del espíritu francés y de sus individuos, donde Serres hace una atrevida interpretación de la cultura que lleva este nombre y de quienes tienen derecho a compartirla. Son un centenar de páginas, si yo calculo bien, que no tienen nada que ver con La Fontaine ni con sus relatos, y sí, mucho, con el espíritu francés y la proyección mundial de su cultura. Porque, a diferencia de otras culturas, la de Francia fue a la vez la única que fue también la del mundo entero. Ahí, en ese centenar de páginas, Serres nos deslumbra con su exploración de ese espíritu francés que se agazapa y esconde en lo que tiene de más universal —una excelsitud que conquistó al mundo muchas veces y en distintas épocas— y, por ejemplo, en *Les cinq sens* trata, nada menos, de meter en una caja —así se titula uno de sus capítulos, «Cajas»— esta síntesis del amor: «*Filtre d'amour. Le prisonnier de la tour aime la fille du geôlier. La tour s'élève dans le château, le donjon s'enchâsse dans la tour et la cellule dans le donjon, bâtis gigognes; pour arriver à celle-là, il faut traverser des murs, des portes, sans fin, monter des étages ou franchir des abîmes par des escaliers aériennes et fragiles, passer cent guichets, une chapelle même. La cellule vraie, taillée en bois, ajoute une boîte en poutres et charpente à l'intérieur des murailles et plafonds de pierre, à plancher surélevé. Non, nous ne parvenons pas encore à la dernière pièce gigogne: le gouverneur a fait placer un abat-jour devant la fenêtre du réduit où seuls les rats couraient, il a obturé tout pertuis au moyen de papier huilé. Monseigneur le prisonnier gît derrière une multiplicité de parois étanches, épaisses, aveugles, opaques, quinze couches de cloisons*».*

---

* Traducción del autor de este discurso: «Filtro de amor. El prisionero de la torre ama a la hija del carcelero. La torre se yergue en el castillo, el torreón está embutido en la torre y la celda en el torreón, estructuras encajadas unas en otras; para llegar a ella, hay que atravesar un sinfín de muros y puertas, subir pisos o superar abismos por escaleras aéreas y frágiles, pasar por cien re-

En el libro dedicado a La Fontaine, uno de los últimos que escribió Michel Serres, hay también esbozos de una cierta historia, en la que éste deplora que la vida dividiera tan frontalmente las ciencias y las letras, y un como ruego secreto de que en el futuro no sean así las cosas, y se tiendan puentes entre ambas disciplinas, de modo que sean ellas una sola búsqueda de una misma escondida verdad. Ésta es una insistencia que no conoce límites en Michel Serres: la división entre literatos e investigadores de la ciencia, que ha creado una división radical en la cultura de nuestro tiempo, le parece una tragedia constante. Y la esperanza de que se vuelvan a unir, como si, unidas, se reforzaran la una a la otra y alcanzaran cimas desconocidas.

Por lo demás, Michel Serres escribió sobre todo lo imaginable: en tono risueño, sobre la abundancia de ángeles y arcángeles en el mundo de los vivos en *La Légende des anges*, de 1993, y la furtiva presencia de muchachas entre los compañeros de Ulises, como la elusiva Sorrita, que, entre sus encantos, está el de decir palabrotas. En el libro dedicado a La Fontaine hay un intento de trazar la biografía quimérica de Esopo, el esclavo, su lejano maestro, en la isla griega de Circe, donde, pese a su terrible fealdad, su inteligencia se impone a dos propietarios de esclavos, los reduce a comparsas y él mismo elige a su patrón.

Pero la tarea de Esopo es más sutil y trascendente, pues busca y encuentra la forma de acercar lo animal

---

jas, incluso por una capilla. La verdadera celda, tallada en madera, añade una caja de vigas que se sostiene en el interior de las murallas y techos de piedra, sobre suelo elevado. No, aún no hemos llegado al último de estos ámbitos encajados unos en otros: el gobernador ha hecho colocar una pantalla delante de la ventana del calabozo en el que sólo corren las ratas, y sellado todos los agujeros con papel aceitado. Monseñor el prisionero yace detrás de una multiplicidad de muros gruesos, espesos y ciegos, quince capas de tabiques».

y lo humano, en pequeños poemas donde ambos coexisten y, aunque a veces se comen cuando tienen hambre y prevalecen los malos instintos, también conviven de una manera que Michel Serres quisiera universal.

La biografía heroica de Esopo, en Frigia, según el testimonio de Planudes, escritor medieval, sienta las bases de la gran poesía, junto a Homero. Esopo era frigio, del pueblo de Amorium. Y era, además, un personaje horrible, que se comía las palabras y tartamudeaba, y lucía un rostro que espantaba a las gentes, por lo que, se piensa, para no verlo su primer dueño lo envió al campo a trabajar.

Y allí pasó Esopo la temible prueba. Un campesino dio al amo un puñado de higos, que el amo encargó a su *sommelier*, Agatopo, de cuidar con esmero. Pero Agatopo y otros sirvientes aprovecharon la ausencia del amo para excederse, dándose un banquete de higos. Entonces, Esopo se lavó bien la boca con agua caliente y vomitó, de manera que no salió del interior de su cuerpo sino agua limpia. Cuando los otros sirvientes lo imitaron, del interior de su organismo expulsaron asqueados las pruebas evidentes de su robo. El tartamudo Esopo se libró de esta manera de recibir el castigo por la transgresión correspondiente. De este modo, Esopo se impuso a su dueño y figuró entre los esclavos más destacados e inteligentes de aquella isla griega.

Su mérito mayor fue inaugurar una lengua futura, en la que los animales se mezclan con los seres humanos en una condensada poesía, algo que La Fontaine heredó para sentar las bases de lo que pretendía ser el fundamento de la poesía francesa, un mundo en el que los animales y los seres humanos coexisten, aunque a veces se entrematen y se coman recíprocamente.

Pero toda una relación de coexistencia nació allí, que, al cabo de los siglos, empataría con la modernidad en nuestros días, en que el animal es sagrado y, a veces, prevalece como más perfecto que el hombre en la manía y la obstinación contemporáneas.

Serres ve en La Fontaine la fuente de esta sólida alianza en la que está construida, dice, la poesía francesa de nuestro tiempo. ¿De veras lo están Rimbaud, Saint-John Perse, Paul Valéry, André Breton, para citar sólo a unos cuantos dentro de la gran diversidad que es la selvática poesía francesa? Muchos franceses y el propio La Fontaine coincidirían con él, aunque, sin duda, otros discreparían y elegirían una línea poética menos oficial, más rebelde y menos convencional, digamos, como la insolente poesía de los surrealistas y el anárquico Rimbaud.

Quisiera decir algo ahora de Gustave Flaubert y de la literatura francesa, la manera como el solitario de Croisset me ayudó a ser el escritor que soy. Como ya he dicho, la misma noche que llegué a París, en 1959, compré un ejemplar de *Madame Bovary* en La Joie de Lire, una librería a la que tenía simpatía porque nunca denunciaba a los ladrones de sus libros y que, por supuesto, con semejante política terminaría quebrando. Recuerdo aquella noche, en el Hotel Wetter del Barrio Latino, de la familia de esposos que se convirtieron en buenos amigos nuestros, los La Croix, como un sueño del que nunca he despertado. Deslumbrado por la elegancia y la precisión con la que escribía Flaubert, lo leí y releí todo, de principio a fin, quiero decir, estudié sus novelas y sus cuentos y su correspondencia, e hice el viaje a Croisset a llevar flores a su tumba, para agradecerle todo lo que había hecho por mí y por la novela moderna.

Flaubert es un grandísimo escritor, acaso el más importante del siglo xix europeo, o por lo menos francés, que equivale a decir mundial. Pero su importancia no está sólo en sus admirables novelas —*Madame Bovary* y *La educación sentimental*, principalmente—, sino en sus aportes a la estructura de la novela moderna, la que él funda en cierto modo, ayudando en el camino a descubrir su verdadera personalidad a escritores adolescentes como yo lo era cuando lo leí por primera vez.

No es muy seguro que Flaubert fuera totalmente consciente de la revolución que nos legó con lo que hacía, pero, más importante todavía que las lecturas en voz alta de cada frase —cada palabra— que escribía en aquel pedazo de tierra que existe todavía y que él bautizó como *Gueuloir*, fue la invención del narrador anónimo, ese Dios —como él dijo— presente en todas partes y visible en ninguna, estableciendo de este modo uno de los pilares en que se basa la novela de nuestros días. Aquel narrador invisible, que permitió suprimir a sinnúmero de personajes que estorbaban la novela clásica y que estaban allí simplemente para simular que eran los autores de una historia, hizo posible que la novela moderna los sacrificara sin tristeza ni compasión, pues su reemplazo cubre todas las etapas de la novela desde entonces, y diera un salto adelante que ha beneficiado a todo el mundo, lo sepan los escritores que escriben novelas o lo ignoren. Todos le debemos algo, y acaso mucho. Fue un descubrimiento quizá más importante que los rebuscamientos y travesuras formales de Joyce en el *Ulises*, que abrió las puertas de la modernidad a la literatura, aunque el propio Flaubert no fuera totalmente consciente de aquella revolución que provocó en los cinco años que trabajó en *Madame Bovary*, inventándose una enfermedad prolongada, para aplacar al atinado cirujano que era su padre y que aspiraba, cómo no, a dotar a su hijo de una profesión liberal.

Ese narrador invisible —que es Dios Padre, como él mismo lo llamó— no tiene por qué ser el único narrador; también pueden serlo alguno o varios de los personajes de la historia, a condición de no saber más de los otros que lo saben todo desde su posición particular y alternarse, como lo hacen en *Madame Bovary*, en *L'Éducation sentimentale* y en las novelas posteriores que escribió. Toda la novela moderna está íntimamente alterada desde aquel hallazgo de Flaubert y es sin duda la más importante incorporación de esa voz anónima —la de ese Dios que nunca se deja ver— en las historias que cuentan sus contemporáneos. Sin saberlo, Flaubert, gracias a su descubrimiento del silencioso e invisible narrador, produjo esa separación entre la novela moderna y la clásica, en la que reunió, sin preverlo ni quererlo, a multitud de obras narrativas que, hasta entonces, no habían advertido que el narrador invisible reducía extraordinariamente la presencia de narradores en el espacio narrativo. Ésa fue la gran lección de Flaubert, y, por supuesto, la de trabajar con empeño fanático, como si la vida se le fuera en ello, en busca de aquella perfección que convertía al escritor en una suerte de apuntador de Dios, o en Dios mismo.

Nadie ha concebido la literatura con semejante rigor y entrega, y nadie ha escrito las obras que Flaubert escribió con semejante paciencia y obsesión, en busca del estilo perfecto. Hasta que, al final, a través de esos dos copistas que lo representan, Bouvard y Pécuchet, se dedicó a escribir todo aquello que podía ser escrito, empresa imposible y delirante, condenada al fracaso por supuesto, pero un fracaso que es del mismo tamaño de los dioses, o, por lo menos, del quehacer de los dioses. Eso se llama morir apuntando a lo más alto y hacer de la literatura algo parecido a lo divino, pisando el suelo terrestre, un libro que es el resumen de todos los libros y, sin duda, la empresa más atrevida y sublime que haya conocido la literatura desde que comenzó a balbucear hasta nuestros días.

Pero no sólo Flaubert representa la literatura que amamos, y que nos ha enseñado a tantos novelistas a escribir, sino esa multitud de escritores que dieron esa irradiación de goce, sentimiento, aventura, deseo y gracia a la lengua francesa y forjaron sus laberintos de belleza.

Inmediatamente después de Flaubert, yo pondría a Victor Hugo, pero no su poesía, que ahora nos parece algo retórica, sino *Les Misérables*, una novela que leí de adolescente, que he releído varias veces, y que ha hecho de Jean Valjean un compañero inolvidable, y que está siempre ahí, para animarme a soportar el peso del infatigable y obseso policía Javert al que él perdona la vida y salva, al salir de los túneles de París, entre el barro y la putrefacción, una de las hazañas más audaces de la novela, que ha ayudado a convertir a muchos jóvenes (de entonces) como el que les habla a la formidable vocación de novelista. Javert muere, por supuesto, y la muerte que se inflige a sí mismo es su clamoroso fracaso, cuando descubre, en quien creía su enemigo mortal y un verdadero caos para la sociedad, una secuela de comprensión y armonía para las que no estaba preparado. El romanticismo que rodea esta escena no la abruma ni falsifica: ella sigue allí, en pie, como un ideal de justicia que nos convence y estimula.

Y ahora déjenme exponer mi teoría, que vale como algo más, y acaso un poco menos, que tantas que circulan en esta época, la de las teorías literarias. La novela salvará a la democracia o será sepultada con ella y desaparecerá. Quedará siempre, cómo no, esa caricatura que los países totalitarios hacen pasar por novelas, pero que están allí, sólo después de atravesar la censura que las mutila, para apuntalar las instituciones fantasmagóricas de semejantes remedos de democracia, de los que es ejemplar la Rusia de Vladimir Putin atacando a la infeliz Ucrania, y llevándose la sorpresa del siglo cuando esta última nación resiste contra ella, pese a su superioridad militar, a sus bombas atómicas y a sus ejércitos multitudinarios. Como en las novelas, aquí los débiles derrotan a los fuertes pues la justicia de su causa es infinitamente más grande que la de estos últimos, los supuestamente poderosos. Como en la literatura, las cosas se hacen bien y confirman una justicia inmanente que sólo existe, está de más decirlo, en nuestros sueños.

¿Cómo puede una novela conmover esa historia que se hace cada día? Simplemente existiendo, llenando de aspiraciones y deseos a los lectores, inoculando en ellos el virus de la ambición y la osadía fantástica de una vida mejor, o en todo caso distinta, como las que descubrimos en los libros de Flaubert, de Victor Hugo, de Gide o de Céline —ese gran autor y ruin persona que tenía dos manos, una para escribir con genio ese viaje al final de la noche y otra para denunciar a los resistentes y mandarlos a los campos de aniquilamiento—. ¿Y Balzac y su fantástica intuición de lo posible y lo imposible en la literatura?

¿Y Stendhal? ¿Y Zola y la novela implicada en el problema social? ¿Y los grandes folletinistas, como Alexandre Dumas, que repiensan —pero mejor— lo que otros han pensado, como los novelistas rusos, maestros del espanto?

La literatura francesa ha hecho soñar a la humanidad entera con otro mundo mejor, en todo caso distinto, y de esta manera ha renovado la democracia, manteniendo el sueño de una realidad diferente, sobre todo para las colectividades hambrientas y marginales y, muchas veces, las latinoamericanas entre otras. Y ha hecho posible que ese sueño se fuera convirtiendo en realidad en las democracias del planeta, donde hay progresos suficientes cada día que pasa: el único progreso posible para las sociedades siempre en peligro de perder la razón y soñar con una revolución, después de tantos fracasos y muertes que esta sola nos deparó y, si persistimos en ella, nos deparará.

Nada se ha inventado hasta ahora como la novela para mantener vivo el sueño de una sociedad mejor que esta en que vivimos, en la que todos hallarían suficientes materiales para su felicidad, palabra que parece locura irreal en estos tiempos, y que, sin embargo, alimentó por siglos el anhelo de millones de seres humanos. Algunos dirán que el cine y la televisión cumplen, en este siglo, la función de las antiguas novelas. Quienes sostienen semejante tesis no han descubierto todavía la distancia que separa las ideas, que vienen siempre unidas a las palabras, de las representaciones fugaces o instantáneas de una cámara, o la inmovilidad eterna de una fotografía. Sin desprecio alguno, y reconociendo la gran afición que hay por el cine en nuestro tiempo, es preciso reconocer la superioridad intelectual de la literatura, de las palabras y las ideas sobre las imágenes que dejan una huella bastante pasajera en nuestra mente.

La palabra escrita, las ideas que ella expresa, no son jamás patrimonio de las imágenes, ya que la batalla parece haberse iniciado entre estas dos opciones. Están conmigo quienes creen que no hay comparación, ante el recuerdo de la palabra escrita, con las efímeras imágenes que nos sobresaltan y desaparecen pronto de nuestra vida y de nuestra memoria. La palabra escrita está determinada a durar, como la imagen de ese Jean Valjean y el joven Marius, en sus brazos, que atraviesan la noche de París en el subsuelo de las catacumbas, como un desafío del espíritu que se alza sobre la perecedera carne humana. Su recuerdo, como el de los cuatro mosqueteros inmortales —D'Artagnan, Athos, Porthos y Aramis—, está allí para levantarnos la moral y los bríos; y siempre nos sacarán del abismo, como a la reina de Francia, cuando estemos a punto de caer en él.

La novela nació algo más tarde que la poesía, en los mismos albores de la historia humana, y sólo alcanzaría una cierta plenitud cuando, mezclada a los libros de caballerías, rehízo el mundo y confirmó que éste giraba en torno del honor y la matanza, y el caballero solitario recorría los bosques, desguarnecido, ganando batallas en nombre de su dama, proezas que entretenían a las gentes en las tabernas o las reunían en las esquinas de las calles para oír las voces de los memorialistas y lectores que repetían (o leían) aquellas historias truculentas y desatinadas, que, sin embargo, echaban los cimientos de la novela moderna. Y veríamos nacer, de entre estas obras maestras, lo que Michel Serres calificó como «el libro más grande del mundo», nuestro Don Quijote, la primera obra que, por encima de los diferentes idiomas, haría las delicias de la vieja Europa. En España Cervantes, en Inglaterra Shakespeare, en Francia toda la literatura, y mucho más tarde el Goethe de Alemania, esos gigantes sembraron las semillas de nuestra historia futura. Y ella nació gracias a la literatura. ¿Nació? ¿O sería más justo decir que resucitó los sueños y las fantasías que yacían escondidas en el fondo del corazón humano, entre las proezas de una época que tenía la matanza por la más noble de las virtudes, aunque siempre empañada por el olor de la sangre que manaba de las heridas que aquellas espadas y lanzas infligían, mientras la literatura iba refinando los paladares y los anhelos de las gentes, hasta seducirlas y conquistarlas, en un periodo que todavía llamamos clásico y que sienta las bases de la literatura del presente: esa otra vida de la que es espejo la nuestra, mientras no se demuestre lo contrario?

La literatura no es la vida y, sin embargo, lo es de manera figurada, gracias a esos prodigios que arroparon nuestras noches y nos hicieron soñar con brujas y fantasmas, y luego, más tarde, con figuras más próximas y vecinas, cuya humanidad llena los siglos de todas las lenguas y los espíritus de aventuras, palabras y poesías. Pero la literatura francesa fue la mejor y sigue siéndolo. ¿Qué significa la mejor? La más osada, la más libre, la que construye mundos a partir de los desechos humanos, la que da orden y claridad a la vida de las palabras, la que osa romper con los valores existentes, la que se insubordina a la actualidad, la que regula y administra los sueños de los seres vivos.

Dentro de las horribles guerras y matanzas de aquellos tiempos bárbaros, la literatura —llamada Molière— fue distendiendo la vida y adormeciéndola de sueños que se confundían con las hazañas. Ya los seres humanos no sabían a qué atenerse: ¿dónde estaban? ¿Soñando todavía? Aquel intermedio vio renacer la literatura y sentar las bases de todas las fuentes en que se inspiraron nuestros mejores poetas y los creadores de religiones, esa otra literatura que dio sentido a la vida y a la muerte, poblando el espacio de fantasías y sueños, de los que sobreviven todavía algunos enigmas, no todos, por cierto. Y el sueño de Dios y de la otra vida está siempre allí, atesorando la esperanza, sin saber exactamente a qué aferrarse, a qué troncos arrimarse en medio de las aguas bravas y amenazantes del río de la existencia. Allí estará siempre la novela, esperándonos, para darnos un último aliento, en el último instante.

La función de la crítica es insustituible y los primeros en saberlo fueron los escritores franceses, empezando por Sainte-Beuve y su prodigiosa reconstrucción del convento de Port-Royal, esa manifestación del paraíso en la vida de las gentes que es la austeridad y la rutina que contiene la existencia y la reduce a su más mínima expresión.

La crítica sin la literatura, o la literatura sin la crítica, es tiempo perdido, desperdiciado y malgastado. Hace falta una crítica como la de los siglos XVIII, XIX y XX en Francia, que devuelva a la senda a aquellos que se hallan extraviados, y marque el camino a los demás, una crítica que restablezca las filiaciones y encauce a la literatura a su costumbre pionera, a su orden y desorden de los comienzos, cuando todo estaba por escribirse y leerse, entre ellos aquellos libros augurales, que abren el camino, o lo encuentran en medio de ese enorme desorden que empieza siendo siempre la buena literatura. Y una crítica que nos enseñe a leer, puesto que nadie lo sabía desde el principio y la lectura era distinta a medida que la literatura quemaba etapas y se adentraba en el tiempo.

¿Puede la literatura salvar el mundo, proteger este pequeño planeta que la imbecilidad humana ha cargado de bombas atómicas y de hidrógeno que bastarían para desaparecerlo si los delirios de un dirigente trastornado reaparecieran de nuevo en alguno de los países que iniciaron esa locura suicida? Es muy posible, pese al desprecio que merecen a los poderosos esas multitudes encrespadas y asustadas que protestan, y se levantan en contra del suicidio premeditado que espera a la humanidad si sigue el camino que, en mala hora, ha emprendido. ¿Qué quieren esos seres humanos que coleccionan armas de fuego que, a la hora de la destrucción, nos desaparecerían del todo? ¿Que el mundo que nos alberga estalle en pedazos? ¿Que nadie sobreviva?

Se cuenta que Rimbaud, el poeta insolente y genial, recitó por primera vez, entre aplausos, en una plaza del Barrio Latino, desde un balcón, ese poema misterioso y terrible que es *Le Bateau ivre*, con sus tumultos oceánicos, sus pasiones, sus querencias, y esa línea suave y dócil que recorre esas estrofas desenfrenadas, como para apaciguarlas y no permitirles excederse demasiado en la búsqueda del estallido y la tormenta. Ése es el camino: recitar la buena poesía entre aplausos, acercarla de nuevo a la muchedumbre de la que se ha ido alejando. Y eso debe ser la crítica: señalar el camino, no para evitar los obstáculos, sino para mostrarlos, de manera que a nadie sorprendan y que inciten las proezas, en las que la poesía y la novela han ido más lejos que nadie, entre los que pugnan por llegar antes que los otros al final de la carrera.

Nadie ha ido más lejos que los escritores franceses en la búsqueda de esa entidad secreta que alimenta la vida y es la literatura, la vida ficticia que es, para muchos, la vida verdadera, como en aquel instante supremo para el malogrado Rimbaud, mártir de la poesía que calló cuando no tuvo más cosas que decir y para no decirlas de manera insuficiente y venial.

La crítica ha sido la filigrana de la literatura francesa y por ella, gracias a ella, ha ascendido a sus más altas cumbres. ¿Hay algunos nombres que deban mencionarse? Por supuesto: los de Paul Valéry, Sainte-Beuve y los de Bataille y Baudelaire y Camus y Malraux y Flaubert y Gide y Mallarmé y Montaigne y Michelet, esa infinita colección de críticos que encauzaron y pulieron la lengua francesa y la volvieron universal, el refugio de todos los seres humanos. La crítica ha sido el espigón de su literatura, su punta de lanza, sin ella su poesía, sus cuentos y novelas no hubieran sobrevivido, y toda su obra se hubiera desgastado en la contemplación de sí misma. Pero la crítica siempre estuvo allí, recordándonos que hay límites para todo, incluso para la felicidad de un buen verso cimbreante o los alardes de una prosa severa, o candente y majestuosa. Porque sin la crítica que la ha acompañado siempre, la literatura no habría logrado jamás en Francia las alturas que alcanzó. Y, ni qué decirlo, Flaubert estuvo siempre allí para recordarnos que la prosa es un sueño que se manifiesta de verdad o sigue siendo inalcanzable. El talento es una cuestión de disciplina y constancia, según él, y está a la mano de cualquiera que tenga una vocación irresistible. Ésa es la primera lección de Flaubert. Y es una lección que pone a todo el mundo —pero hay que tener una constancia parecida a la suya para lograrlo— en el rumbo de la obra maestra, aun cuando sean pocos los escritores que la alcancen.

La crítica siempre acompañó a la creación en Francia y, gracias a ella, esta última estuvo con la rienda corta, sin malgastarse ni abandonarse a la pura fantasía verbal. De otro modo, no hubiera sabido nunca contenerse y manar entre confines opuestos. Su función fue en todo momento impedir la dispersión y la locura, poner barreras a la pura creación y establecer los límites en que ésta se extenúa y agota, y asociarla a menudo a la cuestión social. En la inteligencia de que supo rodear la severidad de las condenas, tanto que parecía absolver de entrada a quienes enviaba a los infiernos. Sus víctimas morían contentas o, mejor dicho, sobrevivían con la sospecha de que aquellas condenas no lo eran, sino más bien elogios y premios. Por eso, los escritores franceses han sido los más dotados a lo largo de la historia y del tiempo para tener los días difíciles, y los que sobrevivieron a la condena de vivir bajo sospecha, sometidos a aquella supervisión de la crítica que sólo exoneraba al más capaz, fijaba los topes, los fracasos y hacía ondear sobre la literatura una vigilancia pertinaz.

La víspera de su muerte, Michel Serres envolvió el manuscrito que estaba escribiendo y lo envió a su editora, Sophie Bancquart, de la editorial Le Pommier. Le pedía que lo publicara. Ella lo hizo y puso una nota, indicando que tal vez este manuscrito era el libro en que Michel Serres había trabajado toda su vida. No es imposible. Es una investigación religiosa, que nos traslada a Jerusalén en los tiempos de Cristo y los apóstoles. Éste es un libro que se llama *Relire le relié* («Releer lo ya leído» sería una traducción simple al español) y, si trata de algo, trata de la religión cristiana. Es el último libro que publicó y hay en él como un espíritu que lo ronda: el del autor que lo escribe para terminarlo antes de que pueda entregarse a descansar o a la mera extinción. ¿Qué es lo que se propone con él? ¿Descubrir a Dios o las maniobras de que Dios se vale para intervenir en los asuntos humanos? Dentro de las escuetas investigaciones de Michel Serres nunca está claro qué persigue en este último ensayo que escribió: ¿descubrir a Dios o sepultarlo entre la música, las pesquisas científicas y los sobresaltos de la vida? Algo de eso y también algo más que eso. Se trata de un libro que busca más que encuentra, y que nos seduce y amenaza acercando y velando la imagen de ese hacedor que está, según él, detrás de todas esas búsquedas que componen la investigación y, en último caso, el secreto de la vida. Al final, el autor se escapa de una conclusión que es un tumulto de palabras, y nunca llegamos a saber si cree en Dios en serio o sólo se esfuerza en imaginarlo e inventarlo, y partir. Hay sangre en esas líneas dramáticas que persiguen a Jesús y hablan del dolor que es parte de la vida y de la fe que es tan fácil de entender, pero difícil de asumir como una disciplina cotidiana. En ese crepitar de palabras la fe se pierde y desaparece, absorbida por un fuego letal, que es un canto a la vida y a la muerte, sin la presencia divina.

Hubo un tiempo, en la historia, en que los seres humanos vivían más en el trasmundo que en el aquí y el ahora. Ocurría en la Edad Media, en que la violencia de la vida diaria estaba compensada por el tiempo que los hombres y mujeres dedicaban a arrepentirse y liberarse de sus pecados, o, las brujas, a codearse y casarse con los demonios. Luego, más tarde, la religiosidad fue apartándose del mundo de los vivos y se fue quedando en el de los muertos, el territorio de los pecados, del arrepentimiento y la sospecha de que, luego de la muerte, algo podía sobrevivir y alcanzarnos: un castigo o una recompensa por los trajines de esta vida difícil. De esa esperanza ha nacido la literatura, es decir, la creencia de que el mundo que hemos sido capaces de construir, de inventar, pueda evolucionar hasta alcanzar una grandeza que salve a todos y nos salve de alguna manera de la muerte o de ese estado letal que es su sinónimo: las alegrías que vivimos y convertimos en alegrías propias, los dramas que inventamos porque nos gusta padecer y no nos bastan las desgracias que la vida nos inflige. Queremos otras, literarias a más no poder.

Una vida sin literatura sería horrible, siniestra, despojada de las experiencias más ricas y diversas, una rutina intolerable, hecha de obligaciones que se irían repitiendo diariamente como un conjunto de compromisos sin promesa de remisión. Ese cuadro de palabras que proyectamos sobre nosotros mismos, y que ha ido cambiando y enriqueciéndose con el tiempo, es nuestra defensa, el escudo tras el que nos recluimos cuando tenemos miedo de perecer sin dejar huella. ¿Puede un libro salvarnos? ¿Una historia redimirnos y convertirnos en materia novelable, semejante a aquellas que inventamos y escribimos? No es imposible, pues en este campo —lo que ocurra luego de nuestra muerte— todo es materia de contradicción, de especulación y de esperanza. Pero es factible que, en la fantasía al menos, los libros que hemos leído e inventado, en los que hemos creído, nos defiendan de la desaparición definitiva y final, por no haber sido capaces de salvarnos a nosotros mismos en aquellas pruebas de supervivencia.

Nada de esto hubiera sido posible sin la libertad, de la que Francia ha sido una constante compañera. Ningún país ha vivido con la fidelidad de Francia aquella libertad que nos permite todos los excesos, los literarios y los otros, los que forman parte de la vida corriente y los que se apartan de ella. Francia los incorporó antes que nadie a la literatura, luego a la vida misma, la que se enriqueció de este modo tanto como la propia poesía o como la misma novela, o el ensayo que escruta la fantasía y la convierte en acción y transforma la existencia en aventura. No hay país que tenga una literatura más osada y que haya explorado con más audacia y atrevimiento los sueños de la razón y sus abismos secretos; por eso nacieron en Francia, o buscaron aquí su certificado de nacimiento, todas las corrientes de la vida que exploraban las sombras y los reductos rebeldes de la personalidad, como el dadaísmo, el freudismo o el surrealismo y las diferentes escuelas, o tendencias, y esos temerarios sobresaltos que revolucionarían la lengua, las formas, el arte y la vida misma, en sus más osadas realizaciones. Y por eso también ninguna literatura ha estado sometida al fuego del escrutinio de la razón ni de la sinrazón que nace de los instintos y los sueños como la de Francia. Y por eso en Francia nació siempre la levadura de la sinrazón que alimenta la literatura moderna, oponiendo a la vida esa sobrevida que es la del subconsciente y los instintos. Balzac no sospechó, cuando nació en su mente la idea de la «comedia humana», la de circunscribir el mundo a lo que tenía delante de los ojos, la realidad más inmediata. Y cuando Victor Hugo, en su isla semidesierta, convocaba a los espíritus —todos lo conocían y le rendían reverencia—, ¿los discriminaba acaso por su nacionalidad o la lengua en que hablaban y escribían? No, la universalidad ha sido siempre la característica de las grandes empresas literarias francesas, y el mundo ha correspondido acatándola, creyendo en ella o simplemente leyéndola. De ese pacto entre la literatura francesa y el mundo de los vivos ha nacido esa libertad que los escritores franceses han llevado más lejos que nadie, en ese asombroso recorrido que, en algunos casos, como el de Flaubert, o el de Molière, o el de Victor Hugo, o Rimbaud y Baudelaire, nos maravilla porque parece tocar el infinito, que tiene el rostro de lo humano y se asemeja al divino.

La literatura necesita de la libertad para existir, y cuando ésta no existe recurre a la clandestinidad para hacerla posible, porque no podemos vivir sin ella, como el aire que es indispensable para nuestros pulmones. De aquella libertad nacen las otras, la de cambiar a los gobiernos o la de simplemente criticarlos, y la de opinar con independencia y discutir entre nosotros, aunque las propuestas sean muy diferentes y a la hora de votar —porque el voto siempre es la manera civilizada de zanjar nuestras diferencias— prevalezcan siempre los que sacan el mayor número. Ésa es la fórmula gracias a la cual se ha reemplazado la matanza, sometiéndola, como en el espacio estricto de los libros, aunque a veces, como ahora mismo, alguien se exceda y ponga en peligro nuestra existencia social. No sólo se trata de sobrevivir, viviendo en el horror de la opresión o la ignominia de las dictaduras. Se trata de respirar y vivir la libertad —no el libertinaje, por supuesto— en una democracia digna de ese nombre, es decir, en una ciudad, o en un país, donde se hayan resuelto las necesidades básicas y los seres humanos alcancen a aspirar al progreso, en su búsqueda de la felicidad. ¿Que eso no es posible? Sí lo es y, afortunadamente, algunos países pioneros lo han alcanzado ya. Está de más decir que no debemos darnos por extenuados mientras existan aún dictaduras o satrapías o en nombre de una doctrina o una fe religiosa se sigan cometiendo brutalidades contra la mujer o sus compañeros de viaje: nadie está a salvo si todos no somos libres. Ésa es la gran enseñanza de la literatura francesa.

La libertad para todos y ahora mismo. La vida debe ser como la de los libros: libertad plena y por igual, aunque los libros permitan algunos excesos que en la vida resultarían inadmisibles, particularmente en la violación de los derechos humanos, reconocidos por los gobiernos democráticos, aun si en muchos casos es sólo de la boca para afuera. Lo que significa que hay que continuar luchando hasta que el mundo se parezca al mundo de la literatura, aunque sea sólo en el dominio de la libertad. Ése es un ideal realista y alcanzable, a condición de que lo tengamos presente y trabajemos por él. Una libertad semejante a la que existe en los libros, para todos los seres vivientes, dentro de los límites que fija la ley, y que debe ser necesariamente alcanzable dentro de las circunstancias actuales. Una de las buenas cosas de la injusta y agresiva invasión de Ucrania por las fuerzas rusas ha sido saber que aquello era todavía posible. La inmensa mayoría de los países ha respondido como debía ser: soliviantados por el agresor y por el riesgo que corríamos hacia una tercera guerra mundial, en la que desaparecería buena parte o toda la humanidad. Y tomar las precauciones necesarias al respecto, como hacen los buenos escritores, que no cuentan nunca las historias que desoyen la vida y la violentan narrando historias que parecen ir más allá de lo posible, aunque lo imposible parezca naturalmente el dominio de la literatura y algunos escasos escritores, a lo largo de la historia, hayan parecido entenderlo. A esos gigantes debemos agradecerles habernos fijado unos límites dentro de los cuales todas las aventuras son posibles, incluyendo las de la propia palabra. Pero la novela siempre estará dentro de un orden del que se excluye la poesía. La razón la preside y la rige, aunque en su seno todos los excesos sean viables y autorizados.

Muchos de los adelantos de que gozamos fueron, primero, inventados por la novela, a la que se ha ido pareciendo la realidad, como si no pudiéramos vivir sin los sueños que forjamos y luego tratamos de transmitir a lo vivido.

¿Qué ocurrirá con la literatura en el futuro? Lo que nosotros queramos, por supuesto. ¿Podría ella desaparecer? Sería posible, sin duda alguna. Pero un mundo sin soñadores sería pobre y tristísimo, un mundo sin aventuras, aburrido y siniestro, un mundo orquestado por los poderosos y sometido a su constante vigilancia. No es lo que quisiéramos. Por el contrario, la literatura debería seguir explorando la vida y la muerte, fijando nuevas fronteras para la fantasía de los seres humanos, sin olvidar la rica montaña de sueños e irrealidades que ha dejado atrás. ¿Es ésa la verdadera vida? Lo es en cierto modo indirecto y sobrenatural, y, en todo caso, está tan asociado a la vida que resulta imposible a menudo separarlas, establecer lo que cada uno debe a cada una, como lo estuvo en la vida de muchísimas personas, entre ellas la de Michel Serres, aunque él hable de las ciencias y de la poesía y la religión y en sus libros casi no aparezcan las novelas. Pero la novela siempre estará cerca cuando se hable de Homero y de la antigua Grecia o se fantasee sobre el más allá, lo que sobrevive a la muerte. Hay muchos que pensamos en la otra vida como una resurrección de la literatura, de ese sueño de los sueños que está hecho de palabras, un refugio como las voces de los pájaros o el perfume de las flores que reemplaza a la vida y la sustituye en las ocurrencias de un mal folletinista. ¿Por qué no sería posible? En toda vida humana se han acumulado los hechos sorprendentes y desconcertantes que parecen sacados de los libros, de esas historias extravagantes o imposibles que han ido tomando posesión de nosotros mismos, hasta convertir nuestras vidas en cosas que se parecen mucho a las de la literatura. ¿Por qué no la reemplazarían a la postre como en una novela del montón? Sería el mejor de los finales, desde luego. Después de haber sobrevivido a tantos sacrificios y tormentos, como los que nos ofrece la vida real, tener una vida semejante a la de los héroes, a los hombres y las mujeres que viven sólo en nuestro recuerdo, sustentados sólo en las palabras y las letras, como en una buena ficción.

MARIO VARGAS LLOSA
Madrid, 28 de mayo de 2022

Referencias

«El amor a Francia», *Babelia*, *El País*, Madrid, 19 de marzo de 2005. *Obras completas XI. Piedra de toque III*, Barcelona, Galaxia Gutenberg, 2012.

«La casa de Molière», *El País*, Madrid, 11 de febrero de 2012. *Obras completas XI. Piedra de toque III*, Barcelona, Galaxia Gutenberg, 2012.

«Victor Hugo. Océano», *El País*, Madrid, 7 de septiembre de 2003. *Obras completas XI. Piedra de toque III*, Barcelona, Galaxia Gutenberg, 2012. *El fuego de la imaginación. Libros, escenarios, pantallas y museos. Obra periodística I*, Madrid, Alfaguara, 2022.

«Flaubert, nuestro contemporáneo», *Letras Libres*, año VI, n.º 64, México D. F., abril de 2004. *El fuego de la imaginación. Libros, escenarios, pantallas y museos. Obra periodística I*, Madrid, Alfaguara, 2022.

«La lucha con el ángel», *El País*, Madrid, 6 de noviembre de 2005. *Obras completas XI. Piedra de toque III*, Barcelona, Galaxia Gutenberg, 2012.

«La odisea de Flora Tristán», *Letras Libres*, año IV, n.º 45, septiembre de 2002.

«Las huellas del salvaje», *El País*, Madrid, 31 de octubre de 2012. *El fuego de la imaginación. Libros, escenarios, pantallas y museos. Obra periodística I*, Madrid, Alfaguara, 2022.

«*Nadja* como ficción». *La verdad de las mentiras*, Madrid, Alfaguara, 2002.

«El último maldito», *El País*, Madrid, 23 de marzo de 2008. *Obras completas XI. Piedra de toque III*, Barcelona, Galaxia Gutenberg, 2012.

«El héroe, el bufón y la historia». *La verdad de las mentiras*, Madrid, Alfaguara, 2002.

«Bataille o el rescate del mal», *Textual*, n.º 7, Lima, 1972. *Contra viento y marea I*, Barcelona, Seix Barral, 1986. *Obras completas IX. Piedra de toque I*, Barcelona, Galaxia Gutenberg, 2012.

«El mandarín», *Caretas*, n.º 602, Lima, 9 de junio de 1980; n.º 603, 16 de junio de 1980; n.º 604, 23 de junio de 1980; n.º 607, 14 de julio de 1980. *Contra viento y marea II*, Barcelona, Seix Barral, 1986. *Obras completas IX. Piedra de toque I*, Barcelona, Galaxia Gutenberg, 2012.

«*Las bellas imágenes*, de Simone de Beauvoir», *Caretas*, n.º 348, Lima, 9 de marzo de 1967. *Contra viento y marea I*, Barcelona, Seix Barral, 1986. *Obras completas IX. Piedra de toque I*, Barcelona, Galaxia Gutenberg, 2012.

«Albert Camus y la moral de los límites», *Plural*, V, 3, n.º 51, México D. F., diciembre de 1975. *Contra viento y marea I*, Barcelona, Seix Barral, 1986. *Obras completas IX. Piedra de toque I*, Barcelona, Galaxia Gutenberg, 2012.

«Los compañeritos», *El País*, Madrid, 4 de abril de 2005. *Obras completas XI. Piedra de toque III*, Barcelona, Galaxia Gutenberg, 2012.

«Las batallas de Jean-François Revel», *Letras Libres*, n.º 73, octubre de 2007.

«La identidad francesa», *El País*, Madrid, 16 de julio de 1995. *El lenguaje de la pasión*, Madrid, Ediciones El País, 2000. *Obras completas X. Piedra de toque II*, Barcelona, Galaxia Gutenberg, 2012.

«Cuando París era una fiesta», *El País*, Madrid, 19 de marzo de 2002. *Obras completas XI. Piedra de toque III*, Barcelona, Galaxia Gutenberg, 2012.

«La medialuna sobre el Sena», *El País*, Madrid, 26 de mayo de 2016. *El fuego de la imaginación. Libros, escenarios, pantallas y museos. Obra periodística I*, Madrid, Alfaguara, 2022.

Un bárbaro en París de Mario Vargas Llosa
se terminó de imprimir en el mes de febrero de 2023
en los talleres de Diversidad Gráfica S.A. de C.V.
Privada de Av. 11 #1 Col. El Vergel, Iztapalapa,
C.P. 09880, Ciudad de México.